FUORI SCENA

Raccontiamo quello che non si vede

ANGELO PISANI
con GIOVANNI CHIANELLI

Ho visto Chicca volare

Il caso del Parco Verde a Caivano

FUORI
SCENA

FUORI SCENA

ISBN 979-12-225-0014-0
Prima edizione: maggio 2024

Realizzazione editoriale: Studio editoriale Littera, Rescaldina (Mi)

A Fortuna e Antonio. E a Vincenzo Pisani, mio figlio.
Sono loro il vero significato dell'amore e vanno tutelati.

A.P.

A Giulia, Nina e Frank.

G.C.

Sappiàtelo, o padri meschini I.M. d'ogni paese:
se ancora il corpo offeso dei viventi resiste
in questo vostro mondo di sangue e di denti
è perché passano sempre quelle poche voci illese
con le loro allegre notizie.

Elsa Morante, *Il mondo salvato dai ragazzini*

In questo libro vengono ripercorse diverse vicende giudiziarie, le persone citate a vario titolo sono da ritenersi innocenti fino alla sentenza definitiva. Nel racconto del caso del Parco Verde, oltre a quelli reali di Fortuna Loffredo, di Antonio Giglio e dei loro familiari, gli autori hanno scelto di utilizzare dei nomi di finzione. Al momento in cui il libro va in stampa, l'unica condanna è quella a carico di Raimondo Caputo.

1
Giugno (2014)

Giugno è un mese unico. È bellissimo, giugno, con i suoi colori accesi. E il suo tempo. I primi bagni sereni, in un mare ormai caldo. La natura gonfia di aspettative: la vegetazione infoltisce, l'aria è carica di profumi, non più quelli teneri di maggio, quando i fiori sbocciano, e non ancora quelli infuocati dei mesi a venire. Tutto sembra come dovrebbe essere. Fermo nella sua pienezza.

Per me, però, c'è soprattutto la sua luce. Verso la metà del mese, il sole è all'apice del suo corso. Si srotola nel cielo come mai in tutto l'anno: le giornate durano tanto e le notti trascorrono come una tregua subito infranta. Il 21 il sole è allo zenit, nel Tropico del Cancro: lassù, alla massima altezza, sosterà fino al 24 immobile rispetto all'orizzonte. Per questo il fenomeno, conosciuto già nell'antichità, è chiamato solstizio, «sole fermo». Non durerà per sempre, infatti sta per cominciare il lento, inesorabile declino che si compie a dicembre. Il contrasto tra questo senso di compiutezza e la fine che verrà a volte mi rende triste. Giugno può essere terribile. C'è chi a giugno impazzisce. Gli amori si fanno indissolubili, gli odi inferociscono. Nel-

la mia mente si affollano antichi ricordi, seduzioni. Perché è bellissimo, giugno, ma sa essere anche strano.

Per gli antichi questo era un momento particolare dell'anno, un intervallo magico, da rispettare timorosamente con cerimonie propiziatorie talmente radicate nelle credenze popolari da sopravvivere ancora oggi con diverse connotazioni locali. Molte specie vegetali venivano, e ancora vengono, raccolte proprio in questi giorni. Certe malattie conoscono il loro acme.

È il 24 giugno, festa di san Giovanni Battista, che gli incantesimi e i sortilegi toccano la massima potenza. Il preludio della lunga giornata che trascorrerà con il sole a regnare nel cielo come non mai, infatti, è una notte popolata di spiriti. È tuttora usanza, in qualche località, predire il futuro dalla forma assunta dall'albume di un uovo versato in un bicchiere d'acqua ed esposto, proprio in quelle ore notturne, al chiaro di luna. Inoltre si riteneva che in questo periodo tutte le piante fossero influenzate da una straordinaria capacità divinatoria, soprattutto per le pene d'amore, e si usava raccogliere certe erbe e metterle in una conca piena d'acqua, lasciandole all'aperto per tutta la notte del 24 giugno, per ricevere la benedizione di san Giovanni. Sarebbero diventate capaci di tramutare i sogni in realtà. Così si pensava o, almeno, si sperava.

Ma il 24 è anche la notte delle streghe. Secondo la leggenda, l'incontro fra le fattucchiere avveniva proprio quella notte intorno a un albero di noce di Benevento. Tutte insieme cantavano: «Unguento unguento / supra acqua et supra vento / et supra omne maltempo». Credenze, certo, ma che conservano tutto il fascino del mistero di quando la scienza non aveva ancora spiegato tante cose e, per pro-

teggersi da streghe e diavoli, occorreva tenere in casa il rosmarino o un ramo di felce. Ma anche l'aglio, «uccisore di mostri» già nella tradizione sanscrita, infallibile contro i vampiri e indicato anche da Plinio come utile rimedio contro diverse indisposizioni. Ci si affidava inoltre alla capacità protettiva della salvia. Si narra che Maria, durante la fuga in Egitto con Gesù, chiese a una rosa protezione dagli inseguitori, ma questa rifiutò e fu punita con la condanna a morire presto e con le spine. Così la vite, che fu condannata a essere vendemmiata ogni anno. Ugualmente il cardo. Solo la salvia accettò di nascondere i fuggitivi tra i suoi cespugli e per questo fu benedetta e divenne un sicuro rimedio.

Gli esorcismi erano pratiche diffuse. Per difendersi dalle stregonerie bisognava nascondere sotto il cuscino lo «scacciadiavoli», un amuleto consistente in un mazzetto composto di iperico, erica, lavanda, ginestra, felce, verbena, ribes, artemisia e cardo. Anche il fuoco era considerato capace di allontanare gli spiriti maligni e in molti luoghi, proprio alla vigilia del 24 giugno, si accendono falò. La tradizione è quella di saltare sulla fiamma esprimendo intensamente un desiderio. Quanto più ampio sarà il salto, tanto più esso si realizzerà. C'è chi ancora mangia le «lumache di san Giovanni» contro il tradimento, raccolte solo da mani femminili, e tanti filtrano le noci acerbe per distillare un liquore detto «nocino» che donerebbe vigore. Roba da streghe.

In Abruzzo, e non solo, all'alba del 24 giugno le fanciulle guardavano a oriente. Colei che distingueva nel sole la testa recisa di san Giovanni trovava l'amore entro l'anno. Il santo fu fatto decapitare da Erode perché condannava la relazione del re con la cognata Erodiade. Lei e sua figlia Salomè ne pretesero la testa su un piatto d'argento. Si riteneva che il sole, all'alba della festa, rimbalzasse tre volte come la testa decapitata di san Giovanni. Anche Gabriele D'Annunzio cita questo mito arcaico nella Figlia di Iorio, *tragedia pastorale abruzzese: «E domani è San Giovanni, fratel caro, è San Giovanni. Su la Plaia me ne vo' gire, per vedere il capo mozzo dentro il sole, all'apparire, per veder nel piatto d'oro tutto il sangue ribollire».*

Dagli antichi greci il solstizio d'estate era chiamato la «porta degli uomini» sulla divinità. Famoso è lo straordinario Heel Stone, il megalito di Stonehenge posto in modo da vedere il sole all'orizzonte proprio in quel giorno. I riti che si celebravano in questo particolare momento culminavano nella notte di san Giovanni, considerata la più densa d'influssi magici, da cui il detto che «san Giovanni non vuole inganni». Si riteneva che il «fuoco sacro» del sole entrasse nella costellazione della luna dopo un rito nuziale tra questi astri che generava due opposte polarità: la luce più lunga dell'anno, l'oscurità più breve.

Leggende su leggende, tutte animate dalla magia di giugno e del solstizio, convergenza prodigiosa amata dalle maghe, dalle fate e dagli spettri per darsi convegno e diffondere sortilegi, citata anche da Shakespeare nel Sogno di una notte di mezza estate. *Perché la notte di san Giovanni è quella più lontana dal Natale. L'anti-Natale. Ciò che accade in questo periodo è in regime di* vacatio Dei. *È possibile che, in assenza di Dio, i demoni si diano da fare. Che prendano piede spiriti maligni. Che si risveglino gli orchi.*

2
Volano bambini

Il 24 giugno 2014 Fortuna, una bimba di sei anni, vola dall'ottavo piano di un palazzo di Caivano, nella periferia urbana di Napoli. Muore dopo poche ore per le lesioni causate dalla caduta.

È successo poco prima di mezzogiorno. Chicca, come la chiamavano abitualmente, è reduce da una passeggiata con Mimma, la madre. Sono state al centro di riabilitazione dove la bambina si sta sottoponendo ad alcuni esami clinici. Sulla via del ritorno, un salto in rosticceria. Poi il rientro a casa, nell'isolato 3 del Parco Verde. Fortuna entra per un attimo nell'appartamento, si scioglie i capelli, beve un bicchiere d'acqua e annuncia alla madre: «Vado su, a giocare dalla mia amichetta».

Una mattina d'estate come tante, insomma. La scuola è finita da qualche giorno. Che bello, specie per un bimbo: giornate infinite davanti a sé, palla e corse, amici e scivoli. Per i genitori un po' meno: le preoccupazioni aumentano, con quelle pesti in giro. Le cose da fare si accrescono: un po' più di spesa, più vestiti da lavare, la preparazione del pranzo. Ma che soddisfazione vederli spensierati. Seguirli giorno dopo giorno, riconoscerli come persone con precise connotazioni.

Chicca è una bimba meravigliosa: ha un sorriso che contagia e una grande forza. Una leader, tra i suoi coetanei. Una che a sei anni gira per il palazzo da sola. Ti aspetti di vederla andare e tornare, in quella mattina d'estate come tante. Ma no, a guardarla bene, non è una mattina d'estate come le altre.

«Mi ha salutata ed è stata l'ultima volta che l'ho vista» racconta Mimma.

L'ultima volta che una madre vede la figlia viva è l'ultima volta e basta. Dopo non c'è più nulla che conti. La vita fisica può pure continuare, ma il resto è tutto andato. L'ultima volta che una madre vede sua figlia viva non dovrebbe mai accadere. È atroce, ma è anche innaturale. Lo sanno tutti che normalmente muoiono prima le mamme, che sono i genitori ad andarsene per primi, facendo posto alla vita giovane che avanza. E che a suo tempo conoscerà la stessa sorte: farà figli e morirà prima di loro. Una morte è sempre brutta, si dice, ma se avviene per strade normali la si accetta come scotto dovuto alla vita che è trascorsa. E invece accade anche questo. Che i genitori sopravvivano ai figli. E che possa esserci un'ultima volta in cui una madre vede sua figlia viva.

Mimma ha altri ragazzi cui badare, ben due: a soli trent'anni, infatti, ha già messo al mondo tre creature. Ma neanche questo può consolarla, e tantomeno le frasi di circostanza: «Devi resistere per loro», «Riprenditi, non pensi agli altri?» e via dicendo. Mimma, come tutte le mamme che vedono per l'ultima volta la figlia viva, è morta con lei.

Questo è il primo pensiero che mi attraversa quando

apprendo la notizia. L'ho appena ascoltata al Saint-Honoré, il bar sotto il mio studio legale, in piazza Vanvitelli.

«Avete sentito, avvoca'?» chiede Gaetano, un ragazzo che serve ai tavoli.

Di solito Gaetano è un vulcano di gioia. Una maschera della commedia dell'arte. Oggi sta *'na pezza*.

«Una creatura di sei anni. Caduta dall'ottavo piano di un palazzo» continua.

Ma a parte questo fatto nudo e crudo non so ancora nulla di ciò che è successo. Salgo su e accendo televisione e internet per capirne di più. Fatti come questo mi hanno sempre scioccato. Continuo a rimuginare. Come si sopravvive a una tragedia così? Sarà mai possibile accettarla (accettarla in senso lato, perché non lo accetti mai davvero un incubo del genere) e magari, dopo due, tre giorni di pianti e insonnie, tornare alle faccende abituali, a fare cose apparentemente normali? Dormire, mangiare.

Sono alla scrivania e ci metto poco a individuare le prime notizie che iniziano a circolare. Leggo dove è successo: Parco Verde, Caivano. In testa mi si accende una spia.

Il turbamento mi monta dentro. A colpirmi non è più solo il fatto, ma il luogo. Dentro di me scatta un collegamento: quella bimba morta è un déjà-vu. Al Parco Verde... questa storia l'ho già sentita.

3
Antonio

Ci sono nomi che ai bambini non calzano. I bimbi dovrebbero chiamarsi Marco, Simone, Lorenzo, Giulia, Sara. A loro non stanno bene i nomi che sanno di antico: Vincenzo, Gaetano, Ciro, Peppe. Sono nomi da grandi, bisognerebbe attribuirli solo dopo che si è arrivati a una certa età. Un'idea strana, lo so. Ma a volte vengono. Per esempio, l'impulso di associare un nome a una faccia. «Quello ha proprio l'aria di un Luca.» Oppure: «Ti chiami Loredana? Sicura che non sei Donatella?». Cose così.

Lui si chiamava Antonio, un altro nome da adulto. Lo avevo notato, questo, quel giorno di primavera dell'anno prima, il 27 aprile 2013, in cui Antonio Giglio, uno con un nome da grande ma di soli tre anni, volò da un balcone. Proprio dell'isolato 3 del Parco Verde, a Caivano.

Si disse che si era sporto per guardare un elicottero dei carabinieri. Così vanno queste cose, il bambino vede arrivare un affare grande con le eliche, che vola e fa rumore, una cosa che ha visto solo nei film e nei cartoni. «Cos'è, mamma, quella mosca enorme che sta in aria e fa bruuuum?» «Un elicottero, Antonio.» «A che serve?» «A volare.» «E perché deve volare?» «Per arrivare prima nei posti, Antonio.» «Mamma, da grande voglio averlo pur io. Voglio guidare l'elicottero.»

Sembrava finita lì, ma non è andata in quel modo. Per vedere meglio quella mosca grande dal nome strano, un nome che sembra quello di un insetto, Antonio prende uno sgabello e lo avvicina alla finestra. I grandi sono indaffarati: chi cucina, chi guarda la televisione, chi parla al telefono. Magari a voce alta, perché quell'elicottero fa un casino terribile. Sia come sia, nessuno bada al piccoletto che sta facendo una cosa da grande, come il suo nome. Sta abbinando un mezzo a uno scopo: il mezzo è lo sgabello, lo scopo è guardare meglio qualcosa che lo attrae. Nessuno lo vede, nessuno capisce. Così, quando Antonio ha associato il mezzo allo scopo, non ci vuole molto. A tre anni corri e salti in un niente. «Elicottero» pensa la tua testolina, «un piede sulla sedia e gli sono vicino.» Un piede e poi l'aria. Prima di pensare «che succede?» tutto si fa vicinissimo e pesante.

Questo, almeno, è quello che fu detto.

Di vero resta la cronaca. Antonio, caduto dalla finestra dello stabile, venne portato d'urgenza all'ospedale pediatrico Santobono di Napoli, ma non ci fu niente da fare. Morì in poco tempo. Un bimbo di tre anni, anche se ha un nome da grande, non è un gatto. E se vola dall'ottavo piano di un palazzo non si salva. Figuriamoci se vola dall'isolato 3 del Parco Verde di Caivano.

4

La telefonata

Due bambini morti nel giro di un anno, in un luogo dove la legalità non è esattamente il valore più condiviso. Chiunque penserebbe che è quantomeno strano. Vado a parlarne con mio fratello Sergio, avvocato anche lui, che occupa la stanza di fronte alla mia. Mattiniero come me, molto indaffarato. Di solito siamo di poche parole, quando entriamo in ufficio non perdiamo neanche un minuto a salutarci. Ma lo sappiamo che siamo già all'opera.

Mi affaccio nella sua stanza. «Ascolta, Se'...» accenno.

«Vuoi parlarmi della storia di Caivano» dice, senza farmi finire la frase. È davanti al computer e mentre mi parla continua a fissare il monitor. «Ci ho pensato anch'io: è una cosa strana. Molto strana.» A questo punto si gira e mi guarda.

Se c'è una cosa che mi piace nelle persone è che non mi facciano spendere troppe parole per spiegarmi. Mio fratello è uno di questi. Mi viene da sorridergli, poi ricordo che stiamo ragionando di un fatto atroce. Il sorriso svanisce prima di nascere.

«Già» rispondo.

La cosa finisce lì. Esco dal suo studio e rientro nel mio, torno al lavoro. Non ho tempo da perdere, per noi sono giorni cruciali: ci stiamo occupando del caso di Ciro Esposito, il tifoso del Napoli originario di Scampia colpito da un proiettile nei pressi dello stadio Olimpico di Roma il 3 maggio 2014, mentre andava a vedere la finale di Coppa Italia tra gli azzurri e la Fiorentina. A sparare sarebbe stato Daniele De Santis, un ultrà della Roma che aveva intercettato una carovana di tifosi partenopei.

Sono legato a doppio filo a questa storia. Primo, come avvocato della famiglia di Ciro. Ho avuto modo di conoscere sua madre, Antonella Leardi, e mi ha stregato il modo in cui, composta e decisa, pur nella prospettiva tragica di perdere un figlio, conduce la sua battaglia di civiltà. Lei ha perdonato il criminale e ha difeso Napoli dai luoghi comuni che iniziavano a serpeggiare: «Se la sono andata a cercare, sono pure loro teppisti, figurati, abitano vicino alle Vele».

E proprio su questo s'innesta il secondo aspetto che mi lega alla vicenda: da tre anni sono il presidente dell'ottava municipalità, quella che comprende Piscinola, Marianella, Chiaiano e Scampia. Il sindaco di Scampia, in pratica. E ho imparato meglio di chiunque altro che cosa significa combattere con i cliché.

Negli ultimi giorni Ciro si è aggravato, il suo organismo non riesce più a reagire. E le cure non bastano. Nonostante il giovane sia già stato sottoposto ad alcuni interventi chirurgici, l'ultimo al polmone il 19 giugno, il quadro clinico lascia poco spazio alla speranza.

Mentre rileggo i verbali che ricostruiscono la dinamica dell'agguato, dato che in questi giorni c'è l'istruttoria, mi arriva una telefonata. Un numero sconosciuto. Molti dicono che quando arrivano telefonate da numeri sconosciuti non rispondono; io invece lo faccio volentieri, sono sempre stato un curioso.

«Buongiorno, avvocato, sono Rosa» dice una voce molto seria.

«Scusi, Rosa chi?» chiedo.

«La maestra, non ricorda?» fa lei.

Sì, qualcosa ricordo. Una tipa che da mesi mi chiama per parlarmi di storie assurde. Complotti, spionaggio, improbabili trame massoniche. Insomma, una mitomane. La curiosità per il numero sconosciuto svanisce di colpo: figurarsi se ora ho tempo di parlare con una che probabilmente è un po' fuori di testa. Sono immerso tra i fatti di Ciro.

«Signora, scusi, sono un attimo impegnato...»

«Avvocato, la prego. Solo un secondo.»

La sua voce ha un che di supplichevole. Mentre mi accingo a replicare, Sergio entra nel mio ufficio. Ha una faccia allarmata; gli rivolgo uno sguardo interrogativo.

«Mi perdoni, signora» e metto una mano sulla cornetta. «Che c'è?» chiedo a mio fratello.

«Ciro» fa lui.

Ho paura. Non parlo. Tanto non me ne dà il tempo. «Ciro è morto.»

Lo guardo come in trance. Meccanicamente riaccosto il telefono all'orecchio. «Devo chiudere.»

5
Due giorni incredibili

La vita di Ciro, già appesa a un filo, si è fermata all'alba del 25 giugno. Sergio e io partiamo subito per Roma, verso il Gemelli, dove Ciro era ricoverato. Tra noi un silenzio surreale. Quando viaggiamo, di solito, ne approfittiamo per ragionare di lavoro e di altro, di nuove idee, considerazioni, sfoghi. Quel giorno nulla. Dure ore senza fiatare. La storia di quel ragazzo ci coinvolge troppo.

All'ospedale incontriamo subito la madre. È circondata da pochi amici e familiari. Non piange, guarda a terra, pietrificata. Le lacrime le ha già consumate tutte nei giorni scorsi. Ha una dignità, Antonella, che non conosce eccezione. Quando arriviamo ci guarda: ci sta ancora affidando qualcosa.

E noi rispondiamo. Ci mettiamo subito in contatto con stampa e istituzioni. Chiediamo che sia proclamato il lutto nazionale, perché la morte di Ciro rappresenta il fallimento di uno Stato che aveva il dovere di tutelare la vita dei cittadini e non lo ha fatto. I pericoli connessi al tifo violento erano ben noti.

Siamo ancora in ospedale, dove continuano ad arrivare

giornalisti, forze dell'ordine, delegazioni dei tifosi del Napoli, quando mi squilla di nuovo il telefono. Numero sconosciuto. Non mi meraviglio: è da stamattina che rispondo a sconosciuti come presidente di municipalità, come avvocato della famiglia; sarà un altro cronista desideroso di strappare una dichiarazione. Vabbè, è il mio ruolo. Anche se avrei preferito starmene ancora un po' nei miei pensieri, rispondo.

«Avvocato, sono di nuovo io.»

Ecco. La signora mitomane. Detesto essere scortese, specie con una donna, ma quello non è proprio il momento.

«Signora, ho molto da fare. Mi trovo in una situazione tremenda» obietto.

«Ma non ci metto niente. E poi è proprio di un'altra situazione tremenda che devo parlarle» incalza lei.

«Un'altra volta. La prego, sono in ospedale ed è appena morto un giovane.» E attacco.

Che persecuzione. Ora mi segno 'sto numero nella memoria del cellulare, come nome scrivo MAESTRA PAZZA NON RISPONDERE, e così la facciamo finita.

Abbiamo altro a cui pensare. In serata torniamo a Napoli perché il giorno dopo, 26 giugno, si svolgono i funerali solenni in piazza Grandi Eventi.

La mattina arrivo prestissimo a Scampia. Vado in Vespa perché sono previste ventimila persone e sarà difficile trovare un posto per l'auto. Già dalle prime ore inizia a sciamare gente. Verrà tutto il quartiere, ma arrivano anche tanti dalla città e dall'hinterland. In quel momento sento che Ciro e la sua famiglia stanno diventando un simbolo di valori positivi, di dignità e di pacificazione. Da una morte così orrenda può rinascere qualcosa.

Sono solo le dieci, mancano sei ore ai funerali, che saranno celebrati con il rito evangelico; i familiari di Ciro infatti appartengono a questa confessione. Hanno una fede straordinaria, che avverto nitida nelle parole di Antonella quando la incontro nella sede della municipalità. «Abbiamo sempre pregato, Angelo. Anche prima della notizia del ferimento di Ciro. La pace che ci ha dato la preghiera non l'abbiamo persa. Non era nei piani di Dio che si salvasse.»

Ha un'aria davvero serena, nonostante il dolore immenso che s'indovina. Mi commuovo. Mi trasporta in una dimensione di pace che non immaginavo accessibile, in queste ore convulse. Mi allontano a riflettere, accanto a una finestra che guarda il quartiere. Come al solito c'è molta luce, in questo giugno inoltrato. Mi godo i raggi del sole e sorrido; mi sento pieno di un senso di fragilità, tutto attorno e dentro di me si ridimensiona. A che si riducono i problemi spicci del quotidiano quando succedono cose del genere? E poi, di nuovo, affiora quella domanda che mi rivolgo da ieri, anche se per altri motivi: genitori che sopravvivono ai figli. Come si può?

Ma ecco che il telefono mi riporta sulla terra. MAESTRA PAZZA NON RISPONDERE.

Un'altra volta lei. Però, come dire, adesso mi sento più buono. Rispondo.

«Avvocato.» Quella voce, sempre la stessa.

«Signora.»

Mi trovo ancora dentro lo spazio pacificato in cui mi ha condotto Antonella. Sono calmo, addirittura serafico; in questo momento sono in grado di dare retta anche alla maestra pazza.

Se lo faccio, però, è per chiederle con cortesia, ma anche con fermezza, di non chiamarmi mai più.

«Mi stia bene a sentire» attacca lei, molto decisa.

«Sì, ecco, mi deve scusare se sono stato un po' sgarbato. Però adesso devo domandarle, con rincrescimento, di non...» Ma lei mi blocca.

«Deve venire. Subito» ribatte. Ha una voce perentoria.

«E dove, signora?» chiedo. Mi sento travolto dalla sua risolutezza.

«A Caivano.»

Sì, a Caivano. Come no.

«Ma, signora cara, li legge i giornali? Visto che mi conosce, saprà che sto per presiedere a una cerimonia in cui sono previste migliaia di persone. Come faccio, mollo tutto e vengo a Caivano? E perché, poi?» tento di ragionare.

«Perché qui... Non posso parlare troppo, avvocato. Ho paura di loro.» Parole come sassi.

«Loro chi?» In me si fa strada una certa inquietudine.

«I mostri. Sono ovunque. In tutto il Parco.»

Ora collego. Il Parco. Il Parco Verde. Quello dove sono precipitati i bambini. Chissà perché, invece di riattaccare, guardo l'orologio. Non c'è alcun motivo razionale che giustifichi quello che sto per fare. La signora all'altro capo del telefono è evidentemente una spostata e tra poco ci sono i funerali di Stato. C'è un «ma», un «ma» che si annida dentro di me e che conosco bene. Le situazioni in cui mi trovo meglio, che vivo con disinvoltura di movimento e padronanza del tempo, sono proprio quelle in cui lo spazio e il tempo non ci sono. A volte mi accade proprio quando sta per succedere una cosa importante, di quelle che assorbono tutta l'attenzione: in un angolino della mia mente, quasi impercettibile, inizia a scodinzolarne un'altra, piccola ma significativa, e per motivi sconosciuti diventa terribilmente intrigante. Non so perché questo avvenga, ma so che cos'è. A Napoli lo chiamiamo l'*uosemo*. Percezione, intuito, presentimento sono termini insufficienti, non lo spiegano. È *uosemo* e basta. E ora l'*uosemo*, in una circostanza in cui tutto suggerisce di lasciar perdere, mi scaraventa nella direzione contraria.

«Va bene, la raggiungo. Dove ci vediamo?»

6

Parco Verde

Insomma, monto in Vespa e mi avvio verso Caivano. Mentre guido ci ripenso: forse sto facendo una cazzata. Ma come, tutto il mondo mi aspetta per Ciro, ci saranno televisioni e politici, delegazioni di tifosi e calciatori, e io che faccio? Me ne vado in gitarella a Caivano per dare retta ai suggerimenti di una svitata e al mio presunto istinto. Non cambierò mai.

Vabbè, ormai ci sono.

Passo, navigatore satellitare alla mano, per varie zone non proprio panoramiche: Mugnano, Melito, Afragola, Cardito. Il mio mezzo a due ruote, relativamente poco veloce, permette di guardarti bene intorno e in più lascia il tempo di ragionare. Infatti, strada facendo, mi sono convinto che non sto andando in un posto terribile. Sì, qualcuno dice che là è l'inferno, ma, se permettete, io sto da tre anni sotto le Vele. Mi sento pronto a tutto, non so se mi spiego. Da quando sono presidente di municipalità ci è successa la qualunque: con le forze dell'ordine abbiamo sgominato piazze di spaccio, guardato in faccia camorristi e sbandati, siamo entrati in case che Dio ne liberi. Che cosa sarà mai, 'sto Parco Verde? Invece, appena arrivo, guardando quelle palazzine mi rimangio tutto.

Le parole andrebbero usate sempre per ciò che significano. Parco Verde uno come se lo immagina? Un posto ridente, pieno di alberi e giardini. Niente di più sbagliato. Il Parco Verde di Caivano non è un parco e non è verde. È cemento tirato su in fretta per creare alloggi destinati ai terremotati napoletani del 1980. Al massimo è grigio, quando non nero.

Ho appuntamento con la signora all'ingresso dell'isolato 3. Proprio lì davanti c'è una sorta di baracca che vende bibite e patatine. Una cosa da favela brasiliana, lamiera e spray, con una scritta a pennarello: BIBBITE I EVERO. Prendo una Coca dal frigo che m'indica grugnendo il «titolare», un tizio sdentato che non parla, fissa un punto indefinito davanti a sé e può avere tra i trenta e i sessantacinque anni. C'è una panchina arrugginita, su cui mi siedo e aspetto.

Qui non è molto prudente maneggiare lo smartphone, ma a volte basta essere sfrontati per sembrare intoccabili. Do un occhio al web per capire dove mi trovo e in effetti un'idea me la faccio presto, molto diversa da quella che stavo maturando prima. Dentro di me chiedo scusa alla mia Scampia per averla paragonata a questo postaccio, in confronto al quale è una specie di Eden. Caivano è un comune di quarantamila anime. Seimila circa vivono in questo comprensorio costituito da una serie di palazzi scrostati, dove i bambini giocano in mezzo a tombini aperti e a mucchietti di siringhe. Qui la sera attraversi i corridoi condominiali con la torcia del cellulare. Gli spazi comuni sono devastati, tutto ha un'aria provvisoria e abbandonata. Ci abitano in tanti e di sicuro molti di loro vorrebbero andarsene via: quest'anno ci sono stati venti attentati dinamitardi e nove morti carbonizzati; si calcola che le piazze di spaccio tra Parco Verde e Caivano siano una cinquantina. Qualche aiuola c'è, ma è piena di siringhe. Un'associazione di volontari ha messo una decina di contenitori sperando che chi si buca, dopo, butti lì dentro quello che ha usato, ma non lo fa nessuno.

La droga qui è storia antica. Cocaina, eroina, fumo. Quando girava il *cobret* (quello che molti chiamano il «fondo della pentola», lo scarto dell'eroina), si trovava pure quello: qualunque porcheria entri sul mercato arriva alle piazze di spaccio del Parco Verde. Carabinieri e polizia conoscono queste strade da quando sono state costruite: ci saranno venuti migliaia di volte, e sempre per questioni di droga, camorra, agguati.

Un articolo del 2013, cioè prima delle storie di bambini volanti, mi dà un'immagine più concreta.

> I carabinieri della compagnia di Casoria hanno fatto irruzione nel Parco Verde e nel rione Iacp di Caivano effettuando un servizio ad alto impatto per bloccare le piazze di spaccio, perquisire blocchi di edifici, contrastare forme d'illegalità diffusa e sottoporre a controlli pregiudicati [...]. Finora sono state eseguite 33 perquisizioni domiciliari e 22 veicolari. Identificate 118 persone, 51 delle quali con precedenti penali, 43 baracche realizzate abusivamente nel verde pubblico attiguo al parco sono state sequestrate [...].

Continuo a leggere.

> Poste sotto sequestro 3 cappelle votive abusivamente realizzate nel rione Iacp e che erano state allacciate alla rete elettrica pubblica. In una di esse sono stati trovati

e sequestrati 20 grammi di cocaina e un bilancino di precisione.

Persino le cappelle votive illegali, roba da non crederci. Mi alzo dalla panchina. Lo sdentato continua a fissare il grande nulla. Da lontano si coglie il ronzio diffuso della televisione; in questi alveari di disagio la tivvù è l'unica via che porta al mondo, l'unico barlume di normalità (per modo di dire). È mezzogiorno e i televisori sono tutti accesi, emettono suoni che formano una tetra colonna sonora in questa landa colpevolmente muta. Il Parco Verde, o almeno l'isolato 3, è un microcosmo che vive così, mortalmente fermo. Le poche persone in giro restituiscono l'idea di un posto incattivito e chino su se stesso, muovendosi annoiate e febbrili per non andare da nessuna parte. I più sono in tuta, zoccoli ai piedi. Le donne ostentano inutili, pesanti trucchi sulle bocche tese in una smorfia sguaiata, da cui pende una delle ottanta sigarette che probabilmente fumano ogni giorno. Gli uomini sono tatuati persino sugli addomi prominenti per cibi ultracalorici e sbagliati, inutilmente truci; lo sguardo mostra una minaccia che fanno prima di tutto a loro stessi. Rifletto che queste persone sono inutili perché inutilizzate, e quindi pronte a tutto per dare una piccola svolta alle loro esistenze che si trascinano immote. Sì, i fantasmi che circolano nei pressi di questo parco che è verde per finta sono cresciuti in un'inutile bruttezza che si può trasformare in ferocia insensata. Che non sia colpa loro ormai è tardi per dirlo. È tardi per tutto, qui, e lo è pure per continuare su questa linea di pensieri: ecco che arriva la donna.

«Avvocato, allora è venuto per davvero. Quasi non ci speravo più.»

7
La maestra

Siamo in piedi davanti all'entrata del Parco. La guardo. Non l'ho mai vista prima, ne sono sicuro, eppure ora che la osservo ha un'aria familiare, chissà perché.

«Piacere, Angelo Pisa...»

«Non si presenti, avvocato. La conosco bene. Sono io che devo farlo: Rosa» replica.

Mi colpisce che non abbia aggiunto il cognome. E poi il suo abbigliamento, semplice ma curato, composto. Indossa un pantalone nero e una camicia, più un foulard leggero che probabilmente sostituisce la giacca che con questo caldo sarebbe stata una tortura. Intuisco che una donna di quel genere non può presentarsi a un appuntamento con uno sconosciuto in pantalone e maglietta. Sorrido.

«Allora ci diamo del tu. Rosa, spiegami.»

Lei si guarda in giro. Forse vuole controllare se c'è qualcuno a osservarci. Ma a me arriva anche un altro messaggio, è come se mi stesse dicendo: «Ti rendi conto di dove siamo?». Come se mi volesse far giungere alle stesse conclusioni che stavo maturando prima, davanti alla baracca del tizio sdentato. Poi prorompe tutto d'un fiato: «Angelo, devi perdonare la mia insistenza, ti sarò sembrata una sciroccata. E non ho alcuna prova di quanto sto per dirti».

La osservo di nuovo. E di nuovo quell'impressione di averla già vista. Però non posso perdermi in chiacchiere, tra poco c'è la cerimonia.

«Rosa, come vedi sono qua. E adesso che t'incontro ho la sensazione che rispetterò molto quello che dirai. Tu parla e non ti preoccupare.»

Lei alza lo sguardo verso uno dei palazzi. Poi solleva il braccio destro, chiude il pugno e mette fuori l'indice. Mi sta indicando un punto, in alto. La seguo con gli occhi. Restiamo in quella curiosa posizione per qualche secondo: lei a indicare l'angolo alto del palazzo che entrando si trova subito a sinistra, io a fissarlo con l'aria un po' imbarazzata. Poi, di colpo: «I bambini non sono caduti».

Così, secca. Pronuncia quelle parole sconvolgenti senza battere ciglio. Per un po' continuo a osservare il palazzo, ma lei è già oltre, si è girata verso di me e ha abbassato il braccio. Ci metto un attimo a riavermi dalla frase scioccante e torno anch'io a terra.

«Eh?»

Tiene gli occhi fissi su di me, adesso. Vuol essere sicura che non la guarderò come si fa con i pazzi.

«Mi rendo conto, Angelo» aggiunge solo.

Cerco di recuperare terreno. Non possiamo passare sul piano dell'assurdo così, in un niente.

«Rosa, come conoscevi Fortuna?» chiedo.

«Chicca.»

«Sì, Chicca, insomma, come la conoscevi?»

«Ero la sua insegnante.»

«Ecco, benissimo. Anzi, mi spiace davvero, so che per voi insegnanti i ragazzi diventano come dei figli» provo a ragionare. La guardo con tutta l'umanità di cui sono capace. «E mi rendo conto che siete tutti scioccati, ma non bisogna farsi prendere dallo sconforto e tirare fuori complotti.» Dopo una breve pausa, aggiungo: «Lo so che è orribile, ma bisogna accettarlo. Non è straparlando che Chicca tornerà tra noi».

Lei distoglie lo sguardo da me, adesso, per rivolgerlo a terra. Non si è offesa, addirittura le compare un sorriso. Un sorriso amarissimo che fa riemergere, ancora una volta, il tratto familiare dei primi momenti.

«Angelo, capisco. So perché parli così e fai bene. Sei un uomo normale, tu.» Stavolta è lei a fermarsi. «Nessun uomo normale può immaginare cosa succede qui. Nessuna persona normale» altra breve sospensione «riuscirebbe ad accettare le condizioni in cui troviamo molti bambini ogni mattina.»

«Ovvero?» la interrompo.

Si passa una mano sul viso. «Non me lo far dire. Non ce la faccio a descriverlo.»

È come se mi stesse dicendo: «Fattela tu, un'idea», ma io non ci riesco. Dove vuole arrivare?

«Ma...» Siamo in stallo. Fortunatamente lei si scuote.

«E comunque che Chicca non sia caduta non lo dico io.» Il suo tono è molto fermo.

«Uhm. Chi lo sostiene?»

«I nonni.» E indica ancora quel piano. Deve essere là che abitano, ormai è chiaro.

«E che prove hanno?» Lo so, adesso sto parlando da avvocato, ma il tempo stringe.

«Sostengono che non è possibile. Aveva sei anni ed era incredibilmente matura. Sveglia, responsabile, attenta.»

Assumo un'aria commossa. E lo sono davvero.

«Non basta, Rosa. Non si può iniziare un'indagine sulla base di un'idea che, per quanto possa essere attendibile, è parziale.»

«Andiamoci a parlare» propone.

Sì, come no, ora mi faccio invitare pure a pranzo. Me ne devo andare, mancano due ore scarse alla cerimonia. E nel frattempo chissà quanto ci metterò a levarmi da questa terra dimenticata da Dio. E poi, ammetto con me stesso mentre inquadro l'edificio, ho un po' di paura, mi è bastato stare una mezz'ora qua fuori per capire l'ambientino. Figuriamoci dentro che sarà.

«Rosa, io...» provo a dire.

«Per coscienza.» Mi prende le mani. Da queste parti non deve essere semplice che una donna tocchi uno sconosciuto. «Ci parli qualche minuto e te ne vai.»

Non so che fare. Ha colpito nel segno, quando qualcuno chiama in causa la coscienza m'incatena. Ma devo scappare, mannaggia. Poi succede una cosa: Rosa prende il telefono in mano. Forse la stanno chiamando; forse, perché non emette alcun suono. Dà un'occhiata all'apparecchio e lo ripone in borsa. Incredibile, in questo posto assurdo, al limite dell'umano, c'è qualcuno che ha la discrezione di tenere la suoneria azzerata. A quel punto la riconosco. Non nel senso che ricordo chi sia, anzi ormai sono sicuro che non l'ho mai vista prima. Ma riconosco definitivamente la sensazione di familiarità che ho avuto quando l'ho incontrata e poi durante la nostra conversazione. Rosa è una persona civile, normale. È una maestra e sta facendo il suo dovere, quello di badare all'educazione, alla sicurezza e alla crescita dei ragazzi. Allo «sviluppo umano, culturale e spirituale dei giovani», come si legge nella carta dei doveri del corpo docente. Le grandi petizioni di principio mi hanno sempre fatto commuovere, specie quelle disattese dai fatti; per esempio, non riesco a leggere l'articolo 11 della Costituzione senza che mi si velino gli occhi.

Ma ora non voglio piangere. Ho sempre avuto nel buonumore la miglior risorsa contro le angosce della vita, ed è sorridendo che decido: «Va bene. Hai vinto tu. Saliamo».

8
Il nonno

Arriviamo all'ingresso della palazzina e ci accoglie un vuoto strano. Dopo quello che è successo ieri, qui non c'è nessuno. Com'è possibile? Mi aspettavo movimenti di forze dell'ordine, capannelli di gente, qualche giornalista, invece niente. Si direbbe che qua quando precipita un bambino è normale. La mia mente prende il volo: sarà una sorta di tradizione locale? Sono molti e, che vuoi farci, ogni tanto qualcuno si fa il volo da questa Rupe Tarpea in piena Campania, nel Ventunesimo secolo. Roba da pazzi. Sta di fatto che, se fuori c'era un viavai sparuto, qui dentro è il deserto. E in una mattinata d'inizio estate tanto afosa, un luogo del genere, deserto, è ancora più sinistro. Con questa sensazione di disagio addosso entriamo nella costruzione. C'è un ascensore orrendo, di quelli chiusi su tutti i lati. Ha un'aria fatiscente.

«Saliamo a piedi?» propongo.

Così posso anche rendermi conto meglio di dove sono, cosa che presto mi si palesa in tutta la sua cruda verità. Al primo piano, da dietro una porta si sentiva un vociare, ma quando arriviamo al pianerottolo di colpo si fa silenzio.

Tacciono all'improvviso, resta solo l'audio della tivvù accesa. Anche al secondo la stessa storia: si percepisce la presenza di persone ma, come transitiamo, tutti zitti. Saliamo ancora e sembra che al nostro passare la gente si ritiri. La conformazione del palazzo è da bunker: squadrato, lamiere e cemento. Alcune porte hanno delle sbarre. E poi è tutto così squallido, i muri scrostati, le scritte fatte con la bomboletta spray, i pavimenti luridi. Ecco dove sono: all'inferno.

«Siamo arrivati» dice Rosa, a un certo punto della nostra ascensione in quel set da cinema neorealista.

Indica la porta. Sono turbato, non mi piace violare l'intimità delle case altrui. E poi, dopo aver visto in che luogo mi trovo, chissà cosa mi attende dall'altra parte. Saranno anche loro dei fantasmi in tuta e ciabatte? Altri personaggi dagli occhi vacui e malati, arrabbiati con la vita? Lo saprò presto. Rosa mi pare stia capendo il mio imbarazzo. Sorride, quasi colpevole. Entriamo.

Ci apre un uomo anziano. È alto ed elegante, ha l'aria di un attore di una volta. Proprio un bel tipo: brizzolato, viso molto regolare, baffi e occhi chiari.

«Prego» fa, asciutto.

Non si volta, ci fa strada. Indica il divano, dove ci accomodiamo. Lui si mette su una sedia, vicino alla finestra. All'inizio non apre bocca e non ci guarda, tiene gli occhi puntati fuori, sulle distese di nulla che circondano queste palazzine, tra sterpaglie e vecchi capannoni. Si riconosce nel paesaggio che sta scrutando: è un uomo annientato.

Io intanto osservo l'ambiente. Un salotto abbastanza ampio con angolo cucina. Niente di vistoso: una tavola, una credenza, alcuni ritratti alle pareti, forse gente di famiglia. Verso il cucinino c'è un bellissimo dipinto che raffigura Gesù, molto luminoso. Nel punto più lontano, che è quello da dove siamo entrati, s'indovina un corridoio. Voci di bambini e quella di una donna che li sta chiamando echeggiano dalla parete che separa il salotto dal resto della casa. C'è un televisore, spento. Insomma, uno spazio spoglio, abitato da gente che alla fine del mese non mette chissà quanto da parte, ma mantiene un decoro, una dignità. Ed è con dignità che l'uomo, in giacca, si rivolge a noi: «Avvocato, grazie di essere venuto a sentirmi. Ah, volete un caffè?».

Rosa fa no con la mano. Io invece lo vorrei davvero. Alla baracchetta, prima, ho bevuto una Coca, ma per il caffè vado pazzo e qui nell'aria aleggia un aroma magnifico. Però esito, non voglio dare noie. Risolve lui, osservandomi sul serio per la prima volta.

«Lei lo vuole e per educazione sta tentennando.»

Faccio il viso allegro e una sorta d'inchino facciale, come a dire: «Esatto. Complimenti per l'intuito». Si alza e va in corridoio. Rientra dopo poco con una signora bionda, che ci saluta timida e va a preparare il caffè. Lui si risiede. Guarda di nuovo fuori e parla: «Mi chiamo Vincenzo Guardato. Ho sessant'anni. Da quaranta faccio il portiere d'albergo. Ho sempre lavorato e mandato avanti la famiglia».

Rosa e io lo seguiamo attenti. Dietro di noi, la donna ha appena finito di riempire la moka. Si sente il rumore dell'accendigas.

«Abitiamo qui dalla fine degli anni Ottanta. Prima stavamo a Napoli, verso il centro. Forse eravamo ancora più poveri, ma almeno eravamo in città. Da quando siamo venuti qui è crollato tutto.»

Noi sempre zitti. Quell'uomo emana rigore e lo stiamo rispettando.

«Perché io ho provato a fare circolare dei valori, nella mia casa.» Qui si gira. «Ci ho provato, avvocato, mi creda.» Gli faccio un cenno con la testa. «Ma questo» e mentre parla stende una mano verso la finestra, a indicare l'esterno, «è più forte di tutto.»

La moka inizia a borbottare. Così presto? Sarà quella piccola, da due tazze.

«Io adesso ve lo dico. Poi, se ci credete o meno, non fa nulla. Tanto» fa una piccola pausa e ci cerca gli occhi «quello che dico è vero.» Si rigira in direzione della finestra.

Guardo Rosa. Ora sta per entrare nell'argomento, ci scommetto. Avverto un leggero tremore.

«*'A criatura* non è caduta.» Si mette le mani tra i capelli. «Sostengono per sbaglio. Sì, lo sbaglio. Loro non la conoscono, Chicca.»

Da dietro sento un gemito, proviene dalla donna. Lui si volta di scatto.

«Chicca era una bambina speciale. A tre anni già parlava come una grande. E poi correva, saltava, era agile e attenta. Avvoca', mai una sbucciatura. Ma come, dico io? Dalla mattina alla sera per strada, su scivoli e altalene, con il pallone e la bici, qua, in mezzo a questa munnezza che sta qua sotto, e lei mai una *ciaccatura*?» Si ferma un attimo e poi riparte: «Era buona per il circo, Chicca. Doveva fare la ginnasta. Perciò, avvoca', io non la voglio neanche convincere. Decida lei. Ma quella, la creatura, non è caduta».

Tace. Sento che il caffè viene versato nelle tazzine e d'istinto mi giro per aiutare la signora. Lei ne è sorpresa e mi sorride. La osservo bene: una donna che un tempo sarà stata anche bella. Oggi non può esserlo. Esiste una legge non scritta: nel dolore gli uomini si fanno più attraenti. I lineamenti s'induriscono, evidenziano tratti marcati. Le donne no, loro si perdono. Non si tengono dentro niente e il portamento, di cui il viso è il primo ambasciatore, crolla.

«Grazie, signora...»

«Cavalieri Rosaria» si presenta lei.

«Mia moglie» fa Vincenzo osservando la parete dov'è appeso il ritratto di un giovanotto dai grossi occhiali. Seguo la direzione del suo sguardo.

«Chi è?» domando.

«Mio figlio» risponde lui. «Morto l'anno scorso.»

M'impietrisco. Non chiedo come, penso solo che su questa famiglia deve essere scesa una maledizione. Intanto assaggio il caffè: meraviglioso, quello che si dice un caffè domestico. Aromatico, forte, persistente. Ma non è il caffè a farmi parlare: «Vincenzo, io le credo. Seguirò questa storia».

9
Sergio

Sorrido, mentre da Caivano torno verso Scampia. Lo so che non è appropriato: da un inferno di lamiere, cemento e brutture dove cadono bambini dall'ottavo piano sto andando a una cerimonia luttuosa per un giovane morto per la sua passione sportiva. Se rido è di me, che cambio idea in un soffio. E per il modo in cui mi ha parlato Vincenzo alla fine del nostro incontro, quando ha cercato di comunicarmi che non aveva molto da offrirmi per le spese di tutela legale.

«Avvocato, sono uno che a stento arriva a fine mese. Però vorrei onorare le sue spettanze, comunque. Mi dica come accordarci.»

Quel linguaggio, di nuovo così dignitoso, mi ha ripagato di tutta l'angoscia provata in un territorio estraneo.

Gli ho risposto che non gli avrei chiesto nulla. Ci sono situazioni in cui non è neanche una scelta. Ancora mi ronzano in testa grandi enunciazioni, in questo caso attinenti alla mia professione: «Sono assicurati ai non abbienti, con appositi istituti, i mezzi per agire e difendersi davanti a ogni giurisdizione». L'articolo 24 della Costituzione. Di fronte alla barbarie l'unica risposta è ritrovare il senso del diritto e della civiltà.

Arrivo a Scampia che la cerimonia deve ancora iniziare. Cerco subito Sergio, un po' per informarlo dei fatti, un po' per rinfrancarmi. Mio fratello ha il potere di ridimensionare ogni situazione, anche la più angosciosa: la riduce ai fatti, le sottrae enfasi, la spoglia di retorica. Dopo di che il caso più delicato diventa solo un caso, da trattare con il dovuto impegno, ovviamente, e tanto più con lucidità.

Lo acchiappo all'entrata della municipalità che sta parlando con la famiglia di Ciro. Al cospetto di quelle persone in ambasce ha un'aria ferma e rassicurante. Sta in silenzio e ascolta. Si è legato molto a loro, in questi giorni. Addirittura ieri, dopo la morte di Ciro, ha voluto scortare l'auto con il corpo del giovane da Roma a Napoli. Per rispetto resto da parte. Ma lui mi nota e mi rivolge un muto sguardo interrogativo. Si è accorto di qualcosa. Gli faccio segno che ne parleremo dopo, ma devo aver scritto in viso qualcosa di allarmante: vedo che si scusa con un tizio e mi viene incontro.

Andiamo ai tavolini del baretto che sta sotto la sede. «Angelo, ma dove sei stato? Eri sparito e ora torni con quest'aria.»

Mi guardo un secondo nello specchio della mente: sono senza giacca e cravatta (sì, alla Nino D'Angelo), maniche della camicia arrotolate, impolverato e sudato.

«O madonna» commento ridendo. «Non mi ero reso conto.»

«Hai attraversato il deserto?»

«Più o meno» replico, riprendendomi.

Prima del funerale passo con lui dal mio ufficio, dove

fortunatamente ho un cambio di camicie e un po' di bagnoschiuma. La gita in Vespa andata e ritorno mi ha provato, e poi le scale, e la tensione. Insomma, mi sono ridotto a uno straccio senza accorgermene. Mentre mi do una sistemata approfitto per informarlo. Sergio, dopo l'iniziale interesse condito di domande, si è progressivamente fatto silenzioso. È seduto e guarda il tavolo. Si direbbe che l'ho sconvolto, e non è una cosa scontata sconvolgere uno come lui.

«E questa è la storia» chiudo.

«Immagino che tu voglia seguirla.»

Rido di nuovo. Adoro questi momenti con Sergio, è la parte che ripaga il brutto della professione: seguiamo tragedie e misteri, ma lo facciamo in due, e ci sentiamo un po' dei supereroi.

«Ti sbagli» replico.

«Eh?» Il suo sguardo è di nuovo molto curioso.

«Sarai tu a seguirla.»

«Ah, certo» risponde, quasi a se stesso.

Il punto è che io sono un avvocato civilista e lui un penalista. In pratica non c'è differenza: lavoriamo sempre alle stesse cose. Ma tecnicamente è Sergio il titolare. Così può sfottermi: «Angelo si mette nei guai e poi chi ci va di mezzo sono io». Quante risate, alle cene di famiglia e con gli amici, passate a rievocare tutti i casini in cui ci siamo ficcati e da cui, poi, ci siamo tirati fuori insieme. Perché, se io ho sempre avuto la vocazione del salvatore della patria, chi poi fa il lavoro sporco è lui. Un'altra battuta di suo conio: «Angelo *me fa muri'*: fa la solidarietà per interposta persona». Un gioco delle parti che amiamo molto, sin da bambini, quando io litigavo con gli amichetti e poi arrivava lui, più piccolo ma più saggio, a mettere pace con quell'approccio calmo e diplomatico che in seguito, nell'avvocatura, sarebbe diventato la sua firma. Non l'ho mai visto perdere la pazienza: neanche davanti al giudice più severo o alla controparte più arcigna. Si piazza là e con quella *tomità* (in napoletano disinvoltura, più o meno) da umorista inglese inizia a smontare implacabilmente ogni migliore requisitoria, trasformando quelli che parevano i punti di forza altrui in cavalli di battaglia della sua arringa. Incredibile che abbiamo lo stesso sangue: quanto io sono un torrente in piena, irruento, chiacchierone e pieno di slanci, tanto lui è calmo, riservato, di poche parole, tranchant. Con quell'occhio sempre socchiuso e rilassato, tra il filosofo e il dandy. Lo conosco da quarant'anni, mio fratello, ma continua a farmi impazzire. La sua disapprovazione verso il mio carattere impulsivo è compensata da un affetto totale.

«E allora domani ci facciamo un salto» riprende lui.

«Sicuro.»

«Magari sentiamo qualcuno.»

«Però, Sergioli', dobbiamo muoverci con prudenza. C'è qualcosa di strano, in quel posto. Di strano e di malato. È evidente nell'aria che si respira.»

10
La caduta

Da dove è caduta Fortuna Loffredo? È fondamentale scoprirlo, se vogliamo sapere come sono andate le cose. Sergio e io siamo qua per questo. Lui, almeno in apparenza, non si è troppo scomposto vedendo il Parco. Ha fatto un unico commento, davanti al palazzo.

«T'immagini noi, ad abitare qui?»

E poi è entrato. Non c'era scherno in quella sua battuta, c'era pena. Si stava mettendo nei panni di quelle persone. Si è rivisto, forse, da bambino: abituato a un bel quartiere, in una parte nobile di una città che, se non è proprio il luogo più sicuro del mondo, ha però tanto da offrire, tanta varietà. Mentre quella palude squadrata in cui stavamo per addentrarci non può che educare alla bruttezza.

I nonni di Fortuna, Vincenzo e Rosaria, ci accolgono molto bene. Domenica, la mamma, ancora non si vede. Fatte le prime domande, ci mettiamo a gironzolare per l'edificio. Raggiungiamo presto il punto da cui la bimba è precipitata. Secondo noi è successo dal tetto soprastante il settimo piano, nella parte destra del palazzo: una sorta di ballatoio esterno dove i condomini mettono i panni ad asciugare. Ce ne convinciamo per motivi che ci paiono evidenti e che possono dare l'avvio a una linea d'indagine: non ci sono molti punti da cui Chicca può essere venuta giù, se si studia la traiettoria della caduta. Scendiamo e cominciamo a ricostruire i minuti che hanno preceduto la sua morte.

Alle 11.15 di quel martedì fatale Domenica Guardato (per tutti Mimma), che abita a Caivano, all'isolato 3 di viale Margherita, torna a casa con la figlia Chicca, di sei anni. Gli altri due figli che ha sono Alessio, di tre (avuto da Graziano Tortora), e Giovanni, di dodici (dallo stesso padre di Chicca). Mimma compra alla bambina caramelle e patatine, poi salgono nell'appartamento, al sesto piano. Chicca si scioglie i capelli, beve un po' d'acqua e alle 11.30-11.40 dice alla mamma che sale di sopra, dall'amichetta Chiara, al settimo piano. Indossa una canotta giallo fosforescente e dei pantaloncini in tinta, con fiori colorati. Con lei salgono un cuginetto e un altro figlio di Graziano. Cinque minuti e Chicca si lamenta che le fanno male le scarpe, vuole togliersele. Esce, mentre gli altri due bambini restano dentro.

«Chi lo ha riferito, il fatto delle scarpe?» domanda mio fratello.

«Chiara, l'amichetta» risponde Vincenzo.

«Sono state trovate?» chiedo io.

Vincenzo e la moglie si guardano.

«Solo la sinistra» replica ancora lui.

Strano. Cerco lo sguardo di Sergio. Siamo tornati sul balcone. Lui sta osservando lo spazio, come se ne prendesse le misure. Io provo ad affacciarmi, ma... uau. Non ci riesco. Ci riprovo, ma niente. Mi hanno assalito le vertigini, una sensazione per me nuova. Di solito non ne soffro affatto, anzi, sono sempre stato il più spavaldo davanti alle altezze, con i miei fratelli, gli amici, le fidanzate. A cavalcioni sui parapetti, in bilico su scogliere scoscese. «Ma non hai paura?» mi chiedevano. Mai una volta, e invece oggi sudo freddo al solo pensiero.

Tornati nell'appartamento della famiglia, ripercorriamo gli eventi. Chicca cade. Sulla strada c'è Riccardo, seduto su una panchina; sente il tonfo, si gira e si avvicina, per capire cos'è successo. Da sotto i portici del palazzo, nello stesso istante, sbuca Graziano, padre del fratellino di Chicca, che è andato a riprendere Alessio all'asilo. Qui c'è la prima cosa strana: da dove arriva, Graziano non può aver assistito alla caduta della bimba. Eppure immediatamente urla insulti a Mimma, sa già che la bambina è caduta. Intanto Riccardo ha raggiunto la piccola. Chicca è prona sul marciapiede, faccia a terra. Sangue non ce n'è. Riccardo, preso dal panico, non chiama un'ambulanza, nonostante le fratture scomposte di Chicca siano visibili a occhio nudo: il braccio destro è spezzato in più punti e ha un aspetto deformato, i femori sono rotti. Ferma un'auto e via, all'ospedale. Intanto, sono le 11.50: dalla strada, dal citofono, tutti stanno già gridando a Domenica di scendere, che è successo qualcosa alla figlia. È mezzogiorno quando la bambina arriva al pronto soccorso dell'ospedale di Frattamaggiore. Domenica sopraggiunge un attimo dopo. Tutto inutile: alle 13.30 Loffredo Fortuna, detta Chicca, di anni sei, è dichiarata morta.

Ci sentiamo straniti, come se avessimo rivissuto in diretta la tragedia.

Entro nella stanza della bimba. Mi fa un effetto terribile vedere i suoi giochi, i suoi vestiti ancora lì, a disposizione. Già così anacronistici con i loro colori accesi e il loro richiamo all'innocenza. In un angolo vedo un mucchio di quaderni, li prendo e inizio a sfogliarli. Trovo i suoi primi tentativi di scrittura, numeri e operazioni aritmetiche. Uno, con un cerbiatto sulla copertina, contiene dei disegni.

«Fortuna amava molto disegnare» dice Vincenzo entrando nella cameretta.

«Vedo» replico. Poi, non so perché, gli chiedo: «Posso tenerli per qualche giorno?».

«Sì, prego. A me fa solo male averli sotto gli occhi.»

Gli stringo un braccio e vado verso l'ingresso.

«Che ne pensi?» domando a Sergio mentre torniamo in auto verso casa.

«Storia strana. E brutta» commenta lui.

È stato un incidente? Nel palazzo era morto, un anno prima, un altro bambino: Antonio, quello dell'elicottero. Da quel giorno, racconta il nonno, Chicca aveva un terrore totale di avvicinarsi alle finestre spalancate. Quella storia l'aveva davvero colpita, tanto più che Antonio era il fratellino di Chiara, la sua amica del cuore. D'accordo, allora, niente incidente: la conclusione ci viene naturale anche perché ogni punto dal quale la bimba poteva essere scivolata ha balaustre alte o cancelli di accesso. Chicca è stata buttata giù. Da dove, quindi? Qualcuno ha pure ipotizzato che fosse morta altrove e poi portata sotto, sul marciapiede, ma più di un testimone ha sentito il tonfo. E sembra incredibile, ma è possibile volare giù dall'alto e non perdere una goccia di sangue: dipende da come si cade.

«L'anno scorso un ragazzo di sedici anni, a Roma, si è suicidato gettandosi da diciotto metri di altezza e non c'era sangue sull'asfalto» ribadisce Sergio mentre parcheggiamo.

Nelle cadute di questo tipo, infatti, le fratture e le emorragie sono prevalentemente interne, a meno che non si atterri di testa.

«Però, sai che ti dico?» riprende lui, con un'aria amareggiata. «Questa storia verrà archiviata in fretta. Non abbiamo niente in mano. Per far sì che qualcuno se ne occupi decentemente, ci sarebbe bisogno di un po' di rumore. E chi vuoi che se ne importi? Qua, oltre la famiglia e noi, pare che la faccenda non impressioni nessuno.»

«Ma com'è concepibile?» ribatto. «Con l'altro bimbo già volato giù, possibile che non ci sia qualcuno che voglia indagare?»

«Ci sono già tanti casi di bambini uccisi» conclude Sergio. «La cronaca è ingolfata.»

11
Bambini

Bambini. Da qualche tempo sono al centro della cronaca nera. Samuele, Loris, Yara, Tommy, di un anno e mezzo, persino Alessandro, otto mesi. E ora Fortuna. Sembra di assistere a un accanimento. Una sorta di segno dei tempi estremo e tragico: non solo stiamo privando i giovani del futuro, ora addirittura c'è chi attenta direttamente alle loro vite. Come si fa? Ragazzini stroncati nel loro sbocciare.

Rimugino su queste riflessioni mentre cammino sul lungomare, dove vado di solito quando ho bisogno di pensare. Sempre la stessa passeggiata: dal porticciolo di Mergellina, dove lascio la Vespa, fino alla Colonna Spezzata, in piazza Vittoria, all'ora del tramonto. Vista da qua, la città sembra una meraviglia; ma che dico sembra: lo è e basta. Come un magnifico palco si specchia nell'acqua degradando dal Vomero e da Posillipo con palazzi e macchie di verde. Un colpo d'occhio notevole. In mano stringo i quaderni di Fortuna; uno è celeste, con la foto di un cerbiatto in copertina.

Davanti alla Villa Comunale vedo passare un sacco di bimbi. A me i piccoli piacciono molto e ci vado d'accordo.

Con i nipoti, con i figli degli amici, sono sempre l'adulto giocherellone: sono quello dell'acchiapparello e dei tuffi a mare, quello che gli parla quando nessuno li ascolta e li consola dopo una cazziata. Mi pare che c'intendiamo a partire dagli occhi, infatti molti mi fanno notare che ho proprio gli occhi di un bambino. Magari non è sempre un complimento, e quando me lo dicono vogliono stigmatizzare la mia immaturità. Sarà, ma alla fine ne vado fiero. E quando ci guardiamo, con un bimbo, è come se ci riconoscessimo.

Mentre il sole tramonta, lo spettacolo della città è ancora più suggestivo. Il palcoscenico si mette il vestito migliore. Ma, come tutti i palchi, dietro nasconde quinte spesso misere. A volte proprio in quegli anfratti accadono i guai. A memoria, non ricordo brutture nel lato luminoso: non mi pare di aver sentito «omicidio in via Aniello Falcone» o, che ne so, «il delitto di piazza dei Martiri». Sarà un caso? Da un po' questa idea dell'ambiente mi suggestiona. Forse è una forzatura e pure nei palazzi ricchi capitano gli orrori, anzi, di sicuro. Ma quando parlo di bellezza mi riferisco all'ambiente tutto attorno: se c'è questo sfavillio di luce e di apertura, la gente è meno portata alla rabbia, all'assurdo. Mentre dove si sta stretti, nascosti, c'è spesso qualcuno che, non visto, vuole allargarsi. Qualche volta con troppa veemenza. Con forza, con violenza.

Nelle zone panoramiche, come in molte di Napoli, s'incrocia gente di ogni tipo. E pure bambini di tutte le estrazioni. Dai lazzari della Torretta a quelli dei Quartieri Spagnoli che in estate se ne vanno a mare a «Mappatella Beach», come sono chiamate ormai da tutti le spiaggette della Rotonda Diaz e quelle ricavate tra le barche del molo di Mergellina. Sono saettanti e lucidi, scuri, abbronzatissimi per giornate intere passate tra gli scogli e il mare. Quando si muovono in gruppo fanno casino e mettono allegria, ricordando l'atavico legame dei napoletani con l'acqua. Quella, sporca e puzzolente, in cui non si bagnerebbero mai i figli dei ricchi che escono dal Tennis Napoli. Ora, sarà pure un cliché, ma questi sono davvero ariani: alti, biondi, già atletici anche se non arrivano a dieci anni. Nei loro lineamenti non scorgi quel tratto marcato dei lazzari, nessuno sforzo e nessuna ferita, come se fossero l'esito di generazioni vissute senza preoccupazioni. Sono alteri e rilassati, si atteggiano con smorfie capricciose e ostentano pettinature morbide, curate. Poi vedi passare i ragazzini della provincia che i genitori hanno portato a prendere il gelato a via Caracciolo, e hanno vestiti spesso improbabili: marsupi, ciabatte, canotte. Sono identici ai loro padri. Sì, soprattutto i maschi sembrano volerli replicare in piccolo. Ecco, infine, già pronti per l'uscita in pizzeria, i bambini della media borghesia. In questi mi riconosco subito: figli di impiegati di banca e maestre, sono fatti per essere educati e non parlare in napoletano «ché pare brutto». Poi il mio sguardo si rinnova, li osservo tutti insieme e, oltre queste differenze superficiali, non vedo altro. Sono uguali. Innocui, spensierati (almeno la maggior parte), con tutta la vita davanti. E tutti, a loro modo, indifesi.

Fino a qualche anno fa, specie dalle parti della Villa Comunale, mi fermavo a giocare a calcio con loro. Non posso farci niente: come vedo una palla rotolare devo seguirla, il resto sparisce. Dev'esserci qualcosa d'ipnotico, nel movimento del pallone, che mi seduce fatalmente. Qualcosa di pitagorico. Vabbè, negli ultimi tempi mi astengo. Un po' per l'età, un po' per la stazza che non mi assiste più, e ancora per i richiami di qualche fidanzata («E dai, stiamo andando al cinema, sudi tutto e i vestiti si riducono a una schifezza»), oggi non mi lancio più come prima. Ma comunque il mio sguardo cade ancora su tutta quella bellezza in azione. Ricordo che una volta, avrò avuto neanche trent'anni, rimasi l'intero pomeriggio a giocare. Erano cinque o sei *'uaglioncelli* e alla fine della partita eravamo come fratelli. Avevano intravisto in me un punto di riferimento, soprattutto per dirimere questioni di gioco, quando bisognava stabilire se era gol, in quelle porte realizzate mettendo due zaini a tre metri l'uno dall'altro, o quando era fallo. Di qualcuno mi torna in mente persino il nome: Giovanni 'o biondo, da non confondere con Giovanni 'o chiatto. Mi faceva troppo ridere come questi nomi, insieme all'aggettivo che li definiva, restassero inalterati anche nelle grida che i bambini si davano in partita per chiamarsi il pallone: «Giuannobbio', passa» e «Giuannochia', e che cazz'». Sì, il biondo era bravino ma troppo innamorato del pallone, metafora che allude ai dribblomani, e il chiatto naturalmente un po' imbranato. Comunque, durante la gara mi chiedevo – di tanto in tanto, ma neanche troppo, dato che ero concentratissimo sul gioco – cosa potesse pensare la gente vedendomi in mezzo a quei bambini. Un tizio evidentemente più grande, in vestito e camicia, che si dannava l'anima a rincorrersi con dei piccoli di poco più di dieci anni.

Qualcuno avrà riso, qualcuno avrà pensato a un vecchio amico. E qualcuno, forse, si sarà preoccupato, perché la concezione del rapporto con i bambini è piuttosto cambiata, negli ultimi anni. Niente niente, se non li conosci e ci parli, ti danno del pedofilo.

Pedofilo.

Sono arrivato alla Colonna Spezzata e mi viene l'illuminazione. Ripenso a quello che aveva detto la maestra quando l'avevo incontrata. Ahia.

Corro. Ora posso passare sul serio per pazzo. Un signore ormai oltre la quarantina che scappa attraversando via Caracciolo, il famoso «lungomare liberato», non in tenuta da footing ma in quella, assai più scomoda, da avvocato, dà piuttosto nell'occhio. In più ho ancora in mano i quaderni di Fortuna, avvolti a cilindro, come se fossero il testimone di una staffetta in cui però sono l'unico in gara. Ma non conta. Conta quello che mi è venuto in mente all'improvviso, mentre mi arrampicavo sul filo di pensieri in libertà, accanto al mare, elemento ispiratore di tante intuizioni e decisioni. Conta questo e il fatto che sto andando a riferirlo a qualcuno.

12

Al «Mattino»

Dalla Colonna Spezzata al «Mattino» sono pochi passi. E, avendoli fatti di corsa, ci arrivo in un baleno. Entro tutto trafelato nell'ingresso, il portiere mi guarda stranito.

«Prego» mi fa.

«Sono» ansimo, «sono l'avvocato Angelo Pisani.» Mi fermo a rifiatare, sento il sudore che s'impossessa del mio corpo.

«Ha appuntamento con qualcuno?» chiede.

«No» rispondo, «però ho bisogno di parlare con un giornalista.»

«Senza appuntamento è difficile» fa lui, molto professionale. E vedo che sta considerando il mio aspetto e il mio contegno.

Lo guardo esterrefatto. Non di lui, di me stesso. Arruffato, sudato, paonazzo, in effetti non devo essere un grande spettacolo. Sono preso da un'idea folgorante e pretendo che il mondo si allinei, diligente, all'illuminazione. Le cose non vanno così. Mi calmo.

«Senta, ho una notizia da dare a qualcuno della cronaca. È una cosa importante. Urgente.»

Lui mi guarda con commiserazione. «Se ha qualcosa da dire deve chiamare e chiedere del caporedattore. Cosa che a quest'ora è tecnicamente impossibile: sono quasi le otto e il giornale è chiuso» recita come se leggesse da un prontuario. «Provi domani.»

Sì, domani. Ho necessità di far sapere adesso quanto ho da dire. Ho un bisogno disperato di agitare al più presto l'opinione pubblica, prima che il caso venga archiviato come incidente domestico.

Guardo la luce giallognola di quell'ingresso illuminato dal neon. Sempre identico, «Il Mattino». Le stesse stoffe, gli stessi arredi, la stessa aria di sempre, o almeno di quando da piccoli, in gita scolastica, si faceva visita al più antico giornale della città. Un giro in redazione, poi nel locale più bello: quello delle rotative, dove si stampava il quotidiano. E dove, alla fine della visita, ti regalavano le copie delle edizioni storiche. La prima uscita, l'entrata in guerra, lo sbarco sulla luna e la vittoria ai Mondiali in Spagna; ah, il celeberrimo *Fate presto*. Tornavi a casa con quei cimeli e raccontavi ai tuoi genitori quella mattinata così speciale.

Mi accascio sulla poltrona che si trova entrando a sinistra. Anche quella, ci giurerei, la stessa da secoli.

«Ma io devo dirlo adesso!» esclamo praticamente parlando da solo.

Il portiere già non mi guarda più. Non vede l'ora che me ne vada. In quel momento, però, esce un giovanotto. Ha l'aria classica del reporter a fine giornata: maniche di camicia arrotolate, viso un po' provato da ore passate in strada e al computer. Mi guarda e si avvicina.

«L'ho sentita» mi fa. «Cosa deve dire?»

Lo osservo da sotto. Ha l'aria buona e intelligente.

«Devo fare una dichiarazione spontanea» improvviso.

«Ma mica siamo in commissariato!» ride lui. Fa sorridere anche me. «Lei chi è?» chiede.

«Sono un avvocato. L'avvocato dei nonni di Fortuna Loffredo, la bambina morta al Parco Verde.»

È la prima volta che mi presento così, mi fa strano. Eppure mi fa bene, è come se certificassi il ruolo che ho nella storia.

Ci spostiamo in un caffè. Gli ho spiegato la mia parte nella faccenda, che già conosceva. L'intuizione l'ho tenuta per me, non è ancora il momento.

«Omicidio, lei dice» ragiona lui. Si chiama Gerardo. «Certo, è dura da dimostrare.»

«Sì, ma se qualcuno non crea un po' di rumore questa storia verrà presto accantonata.»

«Uhm» borbotta lui. Poi mi guarda negli occhi. «Lei è pronto a esporsi? Con qualcosa di forte?» Ha preso il telefono in mano.

«Certo!» esclamo.

«Allora aspetti un secondo.» Compone un numero. «Maria Chiara? Senti, perdonami. Ho qua l'avvocato dei Loffredo, i nonni della bimba di Caivano.» Qualche secondo di attesa. «Ecco, vorrebbe dire una cosa su questa storia. Certo, un fatto interessante. Ce le abbiamo cinque righe?»

Mi passa il telefono con aria soddisfatta. Ora tocca a me. Sento la voce di una donna, la stessa che verosimilmente sta chiudendo il giornale. Mi rivolge un «salve» stanco, poi si mette in ascolto con professionalità. Non ho molto tempo per rendermi credibile. Forza.

«Buonasera, sarò rapido.» Maria Chiara mi dice di parlare. Eseguo come se stessi dettando: «La piccola Fortuna non è caduta accidentalmente. Bisogna fare luce su quanto è davvero accaduto e sulle contraddizioni già emerse, così come sui tanti punti oscuri che stanno affiorando e che rendono il quadro di una tragedia tutt'altro che accidentale. Ora dobbiamo scoprire chi l'ha uccisa e perché».

13
Qualcosa

IL GIALLO DI CAIVANO: PARTICOLARI INQUIETANTI SULLA CADUTA DALL'OTTAVO PIANO CHE HA CAUSATO LA MORTE DELLA PICCOLA FORTUNA LOFFREDO

Si tinge di giallo il tragico caso della piccola Fortuna Loffredo, la bambina di sei anni precipitata dall'ottavo piano di un palazzo a Caivano, in provincia di Napoli, lo scorso 24 giugno. Quella che sembrava una caduta accidentale comincia infatti ad assumere risvolti inquietanti attraverso i particolari che emergono dall'autopsia e, soprattutto, dalle indagini difensive, che sono in corso proprio in queste ore.

Sfoglio il giornale soddisfatto. È passato qualche giorno, ormai siamo a luglio. E dopo la mia incursione al «Mattino» stanno fioccando le notizie. Ho ottenuto, per ora, quanto desideravo.

Da giorni sono sul posto gli avvocati Angelo e Sergio Pisani, incaricati dai nonni della piccola di far luce sulle circostanze che hanno portato alla tragedia del Parco Verde, un ammasso di case popolari dentro un'area della provincia di Napoli già da tempo considerata a rischio.

Di nuovo, leggere di noi e della nostra parte nella vicenda mi produce un effetto curioso. È come se ormai quell'investitura fosse ufficiale.

Solo un anno prima, il 27 aprile 2013, un altro bimbo, Tonino, tre anni, aveva perso la vita precipitando nel vuoto dallo stesso palazzo dell'isolato 3, sempre nel Parco Verde.

Ho insistito molto per aggiungere la fine di Antonio a quella di Fortuna. Per me il nesso non è affatto casuale.

Ma vi è un altro dettaglio da brivido ora sotto la lente degli investigatori: tanto Fortuna quanto Tonino sono stati ritrovati con una sola scarpetta ai piedi. L'altra era sparita.

Il piccolo capolavoro giornalistico: il dettaglio. Le vicende di cronaca, per avere diffusione, si devono nutrire anche di piccoli particolari che accendano la fantasia dei lettori e attirino la curiosità generale sul caso.

Mentre comincia ad affacciarsi la pista del serial killer, cresce la tensione per chi pretende sacrosante spiegazioni su questa ennesima, assurda tragedia. Come i nonni della piccola Fortuna, che ora attendono dagli avvocati Angelo e Sergio Pisani, difensori tra l'altro della famiglia

> di Ciro Esposito, l'unica cosa che adesso resta loro: individuare, se esistono, i colpevoli e chiarire le vere ragioni che hanno causato la morte della nipotina, perché questo non debba più accadere ad altri bambini.

Perché questo non accada ancora. È il motivo principale per cui non mi do pace.

> Di questa brutta vicenda filtrano infine altre indiscrezioni che rischiano di far assumere a questa vicenda caratteri non troppo lontani da quelli del delitto di Brembate [quello della povera Yara Gambirasio]. Ma è ancora presto per trarre le conclusioni e gli investigatori sono al lavoro.

Ecco la mia intuizione. Ho scelto di non rivelarla ancora perché in questi casi tocca andarci con i piedi di piombo. E poi quasi non ho il coraggio di dirla a me stesso: la nausea sale prepotente.

Ma a qualcuno devo raccontarlo, anche per sfogarmi. Sergio.

Entro in studio e mi precipito da lui.

«Ho una cosa da dirti» gli annuncio.

«Anche io» fa mio fratello.

«Prima io.»

Lui sorride e si mette in ascolto. Non c'erano dubbi che sarebbe andata così. Esiste tra fratelli un gioco delle parti: se uno è come me, ovvero un torrente in piena, l'altro è necessariamente come Sergio, un lago tranquillo. Una storia di concavi e convessi. A complicare la nostra dialettica devo aggiungere che abbiamo un terzo fratello, Antonio, che è in parte torrente e in parte laghetto. Un bel trio, non c'è che dire.

«Se', su Fortuna mi è venuto in mente un dettaglio che potrebbe essere cruciale. In pratica» comincio, e mi fermo.

Certe cose non sono facili da dire, neanche a tuo fratello. Mentre le butti fuori ti si attorcigliano le viscere. Lui forse intuisce e non m'incalza. Mi siedo e apro una bottiglietta d'acqua.

«Preso dall'indagine e dal tentativo di capire la dinamica, mi sono dimenticato di una cosa» riprendo.

Solo dopo qualche secondo mi rendo conto che sto guardando a terra. Quello che voglio rivelare mi porta istintivamente verso il basso. Perché la materia che sto per tirare in ballo è il basso, il basso più basso. Sergio si accorge che sono in difficoltà e si alza. Mi viene incontro.

«Angelo, che succede?»

Eh, che succede. Sono fatto così, quando ho una visione tipo quella che mi pervade adesso, non riesco a pensare ad altro. Vengo letteralmente posseduto dall'immagine sopraggiunta chissà da dove, e quella di adesso non è una bella immagine. Mi viene da vomitare.

«Ma tu non ti senti bene» insiste.

Tanto discreto se c'è da parlare, tanto pronto quando si tratta d'intervenire. Un bravo ragazzo, il mio fratellino.

«No, no, ce la faccio. E devo parlarti. Mi farà bene» rispondo.

Condividere una cosa orribile come quella che è venuta a farmi visita probabilmente è una buona idea. I pesi sono più facili da sostenere se portati in due, e pazienza se sto per investire Sergio di uno schifo simile. Lui ha forza a sufficienza.

«C'è una cosa, dicevo, che mi era uscita di mente. Un dettaglio che mi ha raccontato la maestra.»

«Quella che ti ha portato a Caivano?» chiede.

«Sì, proprio lei.»

Certo, ora che ci penso, parlarne a Sergio mi dispiace soprattutto per un motivo: lui sta per diventare padre per la seconda volta. E nessun padre che si rispetti può sopportare l'ipotesi che sto formulando.

«Quando mi ha chiesto di salire in casa dei Guardato, Rosa mi ha rivelato, *en passant*, una cosa terribile.»

«Non so come troviamo i bambini ogni mattina» aveva detto. Per lei non c'era stato bisogno di aggiungere altro. E io sul momento, distratto dal caldo, dal disagio, dalla fretta di tornare a Scampia, dai dubbi su cosa fare, ecco, non avevo afferrato un concetto chiaro. E semplice, nella sua ferocia.

«Dai, Angelo. Coraggio.»

Lo guardo e deglutisco. Basta, in fondo stiamo lavorando.

«Credo che Fortuna venisse violentata.»

C'è qualche minuto di silenzio, tra noi. Sento nitidamente i passi di qualcuno al piano superiore e i rumori della strada. Sono quasi le nove di sera, ma a piazza Vanvitelli passano ancora molte auto, pullman, taxi e parecchia gente. Mi affaccio. Vedo tante persone che sciamano verso la loro sera d'estate. Una cena fuori, una birra nel baretto, un concerto all'aperto o una semplice passeggiata con il cane. Cose normali, mentre noi qua stiamo per entrare in una storia che è la cosa più lontana dal normale che abbia mai vissuto. Beati voi, penso, guardando quella gente in strada illuminata dalle ultime luci del giorno e dai lampioni. Beati loro, quelli che «più che gente sembrano foulard», come canta Paolo Conte.

«Scendiamo.»

Ci sediamo al Saint-Honoré che siamo distrutti.

«Però per dimostrare che ci sia un fondamento di verità ci vuole l'autopsia» ragiono.

Sergio cambia subito espressione, pare più sereno. Chissà dove la trova, questa tempra.

«E lo sai, Sergioli', per avere l'autopsia in un fatto del genere» continuo, «ci vuole un giudice in gamba. Uno che abbia voglia di fare il suo lavoro.»

Ci giurerei: quello che mio fratello ha dipinto in viso è un sorriso. Ma come fa?

«E credo che invece questa storia sarà archiviata subito. Nonostante il casino che abbiamo cercato di alzare sui giornali» aggiungo con un che di disperato nella voce.

«Angelo» mi fa lui.

«Eh.»

«La vuoi la mia notizia?» domanda.

Ah, giusto. Me ne ero scordato. Quando sono salito voleva dirmi pure lui qualcosa, ma come al solito l'ho travolto. Certo, ero giustificato, ma lui è rimasto ad ascoltarmi imperterrito. E ora, è ufficiale, sta sorridendo. «Il casino sui giornali è servito» dice, sornione.

Si sta godendo la scena.

«Che vuoi dire?»

«Sai a chi hanno affidato l'indagine?»

«No.»

«A Federico.»

14
Il pm

Questa è una notizia. Federico. Federico Bisceglia. Un pubblico ministero con le palle, un grand'uomo. E soprattutto un amico. Lo chiamo subito.

«Sai che ti pensavo proprio l'altro giorno?»

L'attacco è da amico intimo. Senza neanche un «pronto». Non ce n'è bisogno, tra di noi.

«Perché il Napoli non sta comprando nessuno? Te lo avevo detto. Senza la Champions non ci stanno denari» scherzo.

Tra noi parliamo spesso di calcio. Anche se è nato a Catanzaro, Federico è un grande tifoso degli azzurri.

«Io però ci spero sempre. Anche se il patron non compra, il nostro attacco chi ce l'ha?»

La speranza permanente è una delle sue principali caratteristiche. Sapete quelle persone che pensano costantemente in positivo? Ecco, lui è il re del «bicchiere mezzo pieno». Anzi, quando ci parli pare che il bicchiere non possa essere che pieno del tutto.

«Allora, Angiolino. Dimmi.»

La sua voce mi rallegra. Con quell'accento da calabrese

trapiantato a Napoli da una vita, è la voce dei meridionali buoni e galantuomini. Una di quelle che a sentirle fanno dire che nessuno può essere signore come un uomo del Sud.

«Ragazzo, taglio corto.» Con persone del genere è inutile girare attorno alle questioni. «Ho saputo.»

«Eh, hai visto?» fa.

M'infonde gioia e fiducia. Se sai che nei piani alti della magistratura c'è un grand'uomo, ti torna la voglia di combattere, di darti, di svolgere bene il tuo lavoro.

«Meno male. È la prima notizia buona in questa storia assurda.»

«Ma perché» chiede lui, «ci stai in mezzo anche tu?»

Ha una nota ironica nella voce. Lo sa benissimo che sono coinvolto. E sono fiero che alcune storie stiano passando in mano alla mia generazione. Federico non ha neanche quarantatré anni, io da poco ho superato i quaranta. Dopo anni passati ad ascoltare le solite solfe sull'immobilismo, sui vecchi che non vogliono cedere poltrone, sul Paese che odia i giovani, di punto in bianco ci troviamo a essere protagonisti del nostro tempo. Alle volte le cose vanno come devono: ci stiamo conquistando il mondo a poco a poco. Mica è un caso, ci siamo dati da fare. Però adesso la sensazione che quanto d'importante accade in Italia possa essere gestito da chi ha forze fresche è rincuorante. Come dire: ora tocca a noi.

«Ti giuro che stavolta la vicenda mi è caduta addosso per un caso paradossale» assicuro.

«Sì, sì, come no. A te la cronaca t'insegue.»

Mi prende in giro, può permetterselo. Federico sostiene che ci sono persone le cui vite sembrano fatte per essere ogni giorno una finalissima. Ci vede qualcosa tra la predestinazione e la volontà di potenza, o comunque il destino di gente che, essendosi aperta e messa in discussione, non può far altro che accettare di stare in mezzo. E io, per lui, sono uno degli esponenti principali di questa genia privilegiata. Se è un privilegio... chissà.

«Vabbè, puoi non credermi. Però anche tu non scherzi, Fede.»

La sua storia è esemplare. Dopo essersi laureato è diventato procuratore legale, quindi ha frequentato diversi corsi di specializzazione post-universitaria in Italia e all'estero, conseguendo vari dottorati di ricerca. Tra questi, uno in Diritto ambientale. Contestualmente, superato il concorso, è entrato in magistratura. Molto presto è divenuto sostituto procuratore della Repubblica: prima a Nola, poi a Napoli e Brescia. Si occupa prevalentemente di reati ambientali. A Brescia ha promosso nel 2012 il sequestro delle discariche di amianto di via Brocchi e di Montichiari e inoltre, nell'agosto dello stesso anno, ha seguito l'inchiesta per la nube nera del termoutilizzatore. È quindi diventato pubblico ministero della Procura di Napoli Nord neanche un anno fa.

«Non me ne parlare. Ho tanto di quel lavoro che mi servirebbe un sosia» replica.

Ultimamente gli hanno affidato le indagini relative alla Terra dei Fuochi. Si tratta di una fascia territoriale, compresa tra la provincia di Napoli e quella di Caserta, interessata da continui roghi tossici appiccati alle discariche abusive che proliferano in tutta la zona. Nonostante la denuncia di numerosi comitati di cittadini, che lamentano un tasso di mortalità tumorale nel territorio di gran lunga maggiore che nel resto del Paese, e nonostante le inchieste giornalistiche e giudiziarie, non si è ancora riusciti a trovare una soluzione definitiva per impedire il continuo sversamento e la bruciatura di rifiuti pericolosi su tutto il territorio a opera della criminalità organizzata. Si parla addirittura di dispersione di liquami tossici nel mare di Capri. Federico sta lottando proprio su questo. E, c'è da giurarlo, finché non saprà come stanno le cose non mollerà la presa. Lui ama il Sud e detesta chi lo sta rovinando. Tra gli attentati all'ambiente e quelli contro le persone, ha parecchio da lavorare. Ma è forte.

«Ascolta, Fede. Ho bisogno di vederti» gli spiego.

«Immagino non si possa parlare al telefono» osserva.

«Immagini bene.»

«Mi fa ridere che il telefono di un pubblico ministero sia la modalità di comunicazione meno sicura che esiste» constata.

«Triste, ma è così. Un panino da Mario? Dai, mezz'ora e ce ne torniamo a casa.»

Ci vediamo spesso in una tavola calda fronte strada, qui al Vomero. È un nostro piccolo rito da consumare in regime di semiclandestinità, un modo per staccare e per ricordarci di essere, ancora, dei ragazzacci di strada. E poi il panino di Mario è di livello mondiale.

«E chi resiste?»

15

I pompieri

Viva i pompieri di Viggiù
Che quando passano, i cuori infiammano...

Ho in testa questa vecchia canzoncina, aspettando Federico. Sono appoggiato a un'auto in questa sera d'estate, davanti al fast food di Mario, e canticchio tra me il motivetto.

Viva i pennacchi rossi e blu
Viva le pompe dei pompieri di Viggiù!

Che testo ingenuo. L'ultima battuta di questi tempi sarebbe stata parodiata in modo osceno. Invece all'epoca spopolò. Infatti il paesino si attirò una fama inaspettata. Probabilmente, quando la scrisse, l'autore scelse questa piccola località del Varesotto solo per il nome curioso, Viggiù, molto musicale, perfetto per un brano pensato per i bambini. Poi, però, il nome del paesino si diffuse in un modo che altrimenti sarebbe stato improbabile.

Federico non arriva, mi metto a smanettare su internet.

Cerco Viggiù. Cinquemila abitanti, tra le Alpi, vicino al confine con Piemonte e Svizzera. Ma sì: senza la filastrocca, chi se lo sarebbe mai filato? E dunque, leggo,

> durante la Seconda guerra mondiale si trovava sfollato a Viggiù il maestro Armando Fragna che compose e musicò la famosa canzone divenuta poi il leitmotiv di un film omonimo a cui partecipò persino Totò. Per i viggiutesi, che amavano tanto i loro pompieri, e per i pompieri stessi fu un grosso dispiacere sentirsi messi alla berlina, tuttavia fu giocoforza arrendersi all'evidenza e al successo che ottenne la canzone. E, dopo tanti anni, si può affermare che anche questo gioioso motivetto ha contribuito alla divulgazione del nome di Viggiù in tutta Europa.

Visto? Un caso. Un musicista di passaggio forzato che bacia con la sua vena un paese intero. Infatti: «Il 31 maggio 2003, per dar lustro alla memoria degli amati pompieri, si è svolto a Viggiù un grande raduno pompieristico nazionale che ha visto la partecipazione di numerosi corpi dei vigili del fuoco».

Insomma, da una combinazione si era passati alla fama, e con la fama tanto altro: attenzione, un film, manifestazioni. Doveva essersi sviluppata una piccola, paradossale economia su quello spunto. Un indotto del caso.

Che bestia strana, la fama. E non mi riferisco alla fama delle persone, quella che rende conosciuti, che riempie il petto di chi la detiene. No, penso alla fama delle cose. Ci sono cose che, all'improvviso, ricevono un'aura di notorietà quasi per caso. Ma quella poi incide e, per un incredibile gioco del destino, rende famosa la cosa che l'ha suscitata. A me sta capitando qualcosa di ben diverso, chiaro, però il meccanismo è simile: da che brancolavamo nel buio, è bastato parlare a un giornale perché quella storia di bambini volanti divenisse conosciuta. Tanto da accendere l'attenzione dell'opinione pubblica e passare alle cure di un pubblico ministero importante.

Ed ecco che il pubblico ministero importante arriva, in motorino.

«Che fai?» esordisce.

«Studiavo la storia dei *Pompieri di Viggiù*» rispondo.

«Te la sei preparata o ti è venuta così?» chiede ridendo Federico.

«Sul serio. Guarda» ribatto, mettendogli sotto il muso il telefono.

«Tu sei completamente pazzo» fa. «Stasera maialino casertano. Non voglio sentire ragioni.»

«Se lo dici tu...» replico.

«In che senso?»

«Be', sei tu che stai studiando la Terra dei Fuochi. Se prendi qualcosa di casertano, è una garanzia.»

Ride. Non c'è molta gente. Di solito bisogna aspettare, da Mario, tra code di ragazzini schiamazzanti, ma è una serata infrasettimanale e i nostri hamburger fumanti arrivano subito. Ci sistemiamo a un tavolino fuori.

«Che roba» si delizia Federico masticando. «Sempre più buono.»

Stiamo bene. Parlare con gente come lui mi rilassa, mi fa sentire al sicuro. Però a un certo punto tocca entrare nel vivo, con quell'idea nauseante che devo riferirgli.

«Ascolta, Fede. Non so a che punto sei...»

«Ho appena iniziato» m'interrompe.

«... E non voglio saperlo. Nonostante i nostri rapporti, conosco i ruoli. Volevo dirti che sono felice che ci sia tu a occupartene.»

Lui mi guarda un po' sornione.

«Angelo» fa.

«Eh.»

«Ti conosco troppo bene.»

«Che vuoi dire?»

«Che non mi fai venire fin qui per dirmi che sei felice. E poi hai un'aria turbata. Sei un libro aperto, tu.»

Insomma, Federico ha intuito. Ed è vero, siamo amici. Ma è comunque il magistrato che lo Stato ha scelto per indagare: non vorrei straparlare. In fondo non si tratta che di un sospetto riferito da una sconosciuta. Devo trovare il modo.

«Be', 'sta storia mi sta trascinando. Sono stanco, sono giorni che vado avanti e indietro.»

«E...» commenta solo.

Silenzio.

«Dai.»

Ma sì.

«Succedono cose strane, in quel parco» spiego, fissandolo serio. «Io ci sono stato e ti dico che l'atmosfera è terribile. Apparentemente silenzioso, eppure ti senti spiato.» Bevo un sorso d'acqua. «E poi c'è una cosa che mi hanno riferito, ma te ne parlo con il beneficio del dubbio.»

Ora dritto al punto: Federico non è tipo da troppi giri di parole.

«Si tratta di un posto piuttosto promiscuo.»

Lui afferra, ma vuole conferme.

«Ovvero?» chiede.

«I bambini. Secondo me fanno qualcosa ai bambini.»

Non serve altro. Inorridisce, sul suo volto da persona perbene passa una linea di sgomento. Un minuto di silenzio spaesato, dal quale riemergiamo a fatica.

«E secondo te c'entra con questa vicenda.»

«Sì, può darsi» replico.

Federico si alza. Inizia a camminare in tondo, come a ragionare. Si massaggia la fronte.

«Metteremo telecamere ovunque.» La presenza dello Stato. L'indignazione e l'intervento. «Faremo intercettazioni. Ma la prima cosa» s'interrompe. «La prima cosa da fare è l'autopsia.»

L'effetto tanto atteso. Ed è triste essere felici per una cosa del genere. Perdonaci, Fortuna. Ma non deve più accadere.

Mentre ce ne stiamo andando inizia a piovere. Un acquazzone improvviso. Di quelli che d'estate puliscono l'aria.

«Hai l'impermeabile?» mi chiede Federico indossando già il suo.

«Forse ho un K-Way. Ma tanto non sono lontano.»

«Controlla, avvocato. Questi temporali estivi fanno più danni della grandine. E ci servi in piena forma.»

Gli sorrido. Voglio compiacere la sua premura e apro il bauletto della Vespa: uno sfacelo. Giornali, pezze, guanti invernali.

«Vabbè, visto che insisti reggi 'sta roba, intanto che lo cerco.»

Il pubblico ministero coperto di cianfrusaglie.

«Cosa sono questi?» chiede a un certo punto.

Ha in mano dei libretti. Uno, inconfondibile, con un bel

cerbiatto stampato sopra. I quaderni della piccola. Me n'ero dimenticato.

«Sono di Fortuna. Li ho trovati nella sua stanza. M'intenerivano, ho chiesto al nonno se potevo prenderli.»

Li guarda, poi li apre. Sfoglia.

«Sono suoi disegni. Era brava, vero?» aggiungo.

Li osserva attentamente.

«Posso tenerli io?»

16
Periferie

Di nuovo in Vespa, di nuovo verso Caivano. *Once more unto the breach, dear friends*: la battuta dell'*Enrico V* di Shakespeare si attaglia perfettamente a quanto sto vivendo. Sono teso, sia per i risultati dell'autopsia – Federico ci ha comunicato che ci vorrà qualche giorno –, sia per quanto mi appresto a fare: stamattina incontro Mimma, la madre di Fortuna. Finora, sembra incredibile, non l'avevo ancora vista. Un po' per rispettare la «curva di shock», un po' perché dalle parole dei genitori avevo colto la legittima volontà di restare immersa nel suo terribile dolore. Ma mi ha cercato lei, dopo l'incontro serale con Federico. Con un messaggio.

«Gentile avvocato, sono Mimma, la madre di Fortuna. Vorrei vederla. Se può, per me va bene domattina. In piazza 1° Maggio, alle dieci.»

Chiaramente accetto subito. Il giorno dell'appuntamento è una domenica di luglio, caldissima. Mentre giro alla ricerca della piazza, per distrarmi, formulo alla mia ragazza il classico messaggio che ci mandiamo quando capitiamo in un posto davvero orrendo: «Lo sai che più la guardo e più penso che Caivano non è affatto brutta?». Che è una citazione da Totò, nel film *Letto a tre piazze*, quando, tornato da vent'anni di guerra e fuga attraverso l'Europa, il principe della risata si ritrova a dormire con Peppino De Filippo, ormai nuovo marito della sua vecchia compagna, e probabilmente in crisi di astinenza si trova a recitare l'unica battuta a sfondo omosessuale della sua lunga carriera: «Ma lo sa che io più la guardo e più mi convinco che lei non è affatto brutto?». Che risate. Ricordo a memoria almeno quaranta film di Totò.

Vabbè, dicevo, questo messaggio è anche altro. Un nostro rito, un modo per dirci che siamo arrivati a destinazione e per ricordarci a vicenda la bizzarria dei luoghi in cui, di tanto in tanto, ci ritroviamo. Ogni volta che sono in un posto orribile, specie di primo mattino, mi viene voglia di rinfrancarmi con una colazione speciale, a base di pasticcini enormi e ipercalorici. E in un bar in cui non andrei mai, in città. Le periferie napoletane hanno bar fastosi e cafonissimi, dove vince il viola e la sensazione che siano frutto di un comodo riciclo di denaro malavitoso. Però più sono pretenziosi e più mi attraggono. Non riesco a spiegarmi bene perché: forse per via dei bagni, che sono quasi sempre perfetti. A me serve spesso una toilette pubblica, al mattino, dato che per stimolare la peristalsi ingurgito da uno a due litri d'acqua. O forse quei bar mi piacciono perché sembrano prometterti conforto in un panorama devastato; e lo scarto delle loro pareti laccate, dei marmi decorati e delle vetrine luccicanti rispetto ai cumuli di spazzatura sotto un cavalcavia dell'Asse mediano mi dà un brivido di nonsense foriero di buoni pensieri.

E poi, per dirla tutta, a me i posti brutti piacciono: attraversandoli mi sembra di fare una cosa pericolosa e diversa, e adoro la sensazione di raccontare di esserci stato. Buttandola là così, senza darle peso: «L'altro giorno, a Cardito...». Inevitabile l'interruzione dell'interlocutore: «E che ci facevi, a Cardito?». Tu puoi glissare, dando l'impressione di essere uno che se la fa normalmente in tutto l'hinterland, oppure prenderla alla lontana, tipo «è una lunga storia», o ancora fissare negli occhi l'interlocutore affermando che dovevi avere qualcosa da qualcuno. Lasciando intendere che sei uno che si fa rispettare, e pure nei meandri più remoti. Ah, assicurarsi che l'interlocutore sia nativo della città e poco avvezzo a scorribande extraterritoriali garantisce l'effetto desiderato.

Ho una mezz'ora di anticipo, come al solito, perché prevedo con cura il tempo per concedermi queste divagazioni. Che oggi mi servono anche ad attenuare la tensione: in fin dei conti sto per incontrare da vicino il dolore più estremo. E allora giro, selezionando attentamente il bar tamarro in cui consumare un'enorme deliziosa al cioccolato o una fetta di millefoglie formato tegola. Ne scelgo uno dall'insegna invitante: FEMILY. Scritto con la «e», davvero. Entro, comunico la mia posizione a Mimma e vado dritto alla vetrina dei dolci. Ce ne sono un'infinità. La cassiera, una ragazzotta bionda, truccata e con molte gomme in bocca, mi accoglie subito.

«Prego?» fa, brandendo un fazzoletto.

Ha l'aria di chi vuole sbrigarsi. Io avrei preso tempo per individuare bene il dolciume più megalomane, ma mi decido subito per una coda d'aragosta debordante di Nutella, dato che se c'è una cosa che detesto è essere considerato rompicoglioni da un cameriere. Intanto, dal laboratorio dietro la vetrina, si sente un richiamo: «Mery, e ti muovi!». Chissà perché mi viene da pensare, istintivamente, che la ragazza si chiami «Mery», anche lei con la «e». O quantomeno che il suo collega l'abbia pronunciato così. Chiaramente, mi tengo l'arcano e mi sposto al bancone. Là il ragazzo del caffè mi guarda con aria ansiosa.

«Non ha fatto lo scontrino?»

Ora, ci sto solo io nel locale, la zona cassa è evidentemente vuota e ho sicuramente l'aspetto dell'uomo più affidabile che ha mai messo piede nel bar Femily. Ma non mi scompongo, e chiedo se posso prima consumare, con l'atteggiamento di chi non farà passare più di cinque secondi tra la fine del caffè e il pagamento del dovuto. Perciò il ragazzo, che non ha dimesso l'aria ansiosa, mi concede del tempo.

«Va bene.» Ma si vede che sta inghiottendo un boccone amaro. Accusa pure sudorazione, così, di getto.

Entrano tre tizi sulla sessantina, sul genere autisti di pullman in libera uscita. Solidali e allegri, tanto che scherzano sui pasticcini con il barista.

«Dacci la più abbronzata» dicono, alludendo a una montagnola di prussiane di cui quella abbrustolita attrae l'appetito del gruppo.

Il ragazzo reitera la richiesta di scontrino, con atteggiamento sempre più preoccupato.

«Perché, non ti fidi?» riflette in modo mite uno dei tre.

Il ragazzo è alle soglie della paranoia, guarda verso il laboratorio e abbozza una scusa: «La domenica mattina siamo tenuti a chiederlo».

Ora, a parte che apprezzo molto il gergo, che non è per nulla scontato debba essere tanto composto, realizzo ciò che prima avevo solo sospettato: deve essere un leitmotiv recente, questa storia dello scontrino. Nata, ne sono sicuro, da pessime esperienze di gentaglia che, approfittando della ressa domenicale – a Napoli, come in molte altre città, di domenica i pasticcini sono obbligatori –, se ne scappa con guantiere e causa lavate di capo estreme ai poveri dipendenti del bar Femily, dove probabilmente si arriva a prefigurare licenziamenti in tronco e richieste di risarcimento. Perciò il ragazzo è tanto angosciato. Mi viene da aprire il portafoglio e sganciare subito il mio conto, ma, rifletto, suonerebbe quasi provocatorio nei confronti del gruppo di pullmanisti.

«Tu stai offendendo il mio collega» sbotta uno.

Ci avevo azzeccato, fanno lo stesso lavoro. Ma questo non c'entra, la situazione sta degenerando. Il primo dei tre a parlare, quello mite, aveva scherzato. Quest'ultimo no. Sterza la conversazione verso un clima aggressivo con una velocità quasi mirabile. Prende la scena e, senza attendere risposta, rincara la dose: «Come ti permetti? Che ti credi, che non possiamo pagare i dolci?».

Il ragazzo incassa. «Faccio solo il mio lavoro» riesce giusto a farfugliare.

L'autista iracondo, dall'aspetto più carismatico (corpulento, barba, nasone) rispetto agli altri due, ha i riflessi pronti. «E lo fai male, il tuo lavoro. Non ti rendi conto di mancare di rispetto a tre persone perbene?» ribatte alzando la voce.

Non so dove guardare. Mi verrebbe da intromettermi e mediare, ma quello non ci sta più con la testa: si avventa sul barista e gli prende il bavero della camicia. A questo punto io e gli altri due, gli autisti buoni, dobbiamo agire.

Li separiamo. Il ragazzo temo che riveli la sua vera natura di scugnizzo di periferia costretto a una domenica di lavoro, vedendosi aggredito, e lo ammazzi di botte. Invece no. Resta dov'è, a labbra tremanti. L'autista cattivo si gira verso di me, come a chiedere spiegazioni sul mio intervento.

«Le stava dicendo che non c'entra nulla, può darsi che il suo principale sia fissato con gli scontrini» spiego, cercando le parole più accomodanti. Poi mi butto sul generazionale: «E insomma, amico, vogliamo creare problemi a un giovane che lavora?».

Punto sul vivo prende gli altri due per il braccio, con la prussiana abbronzata ancora in mano e, fissando apertamente il barista e me, si avvicina al secchio dell'immondizia e ci lascia cadere il dolce dentro. Non solo, costringe pure gli altri a fare lo stesso, con un semplice colpetto sulla mano. Un modo per dire: «Noi con il Femily abbiamo chiuso».

È nel mezzo di questa curiosa diatriba che entra Mimma. Alta, magra, giovane. Molto bella. Ha gli occhi protetti da enormi occhiali scuri. La riconosco da una foto vista in casa. Lei m'inquadra subito.

«Buongiorno. Domenica Guardato» dice, secca.

Si guarda intorno. M'indica un angolo del bar più nascosto. La seguo. La scenetta di prima mi aveva per un attimo disteso. Ora torno a sguazzare nella pena: sto per parlare con una madre che ha perso una figlia da pochi giorni in una maniera raccapricciante. Come si fa a parlare con una persona in queste condizioni? Io non lo so. Ma lei mi aiuta: come ci sediamo va al dunque.

«Avvocato, so che ha incontrato i miei genitori.»

La osservo, molto attento. Devo restare concentrato sulle sue parole e non prestare il fianco a quello che provo.

«Mi hanno informata che forse ci può stare accanto in questa storia.» Si toglie gli occhiali. Se avessi potuto scegliere le avrei chiesto di tenerli. Non ha due occhi, no. Due fessure scure e vuote. Il taglio, già molto sottile, è praticamente ridotto a un lumicino da giorni di pianto e insonnia. Due squarci neri.

«Sì» rispondo solo. E inghiotto la tensione.

In lei affiora un tenue sorriso, poi scompare subito. Come un raggio di sole in un cielo carico di nuvole nere. Uno di quei raggi che ti fanno intravedere che c'è ancora vita, ma non ci mettono niente a sparire. E ti restituiscono alla realtà di pioggia incessante.

«Ho diritto di sapere com'è andata.»

Affermandolo ha distolto i due squarci neri da me per portarli sull'esterno del bar.

«Certo» replico. Finora ho parlato praticamente a monosillabi. Devo riprendermi. «Chiaramente ho bisogno di tutti gli elementi utili attorno alla tragedia di Fortuna.»

Pronuncio il nome della piccola come se fosse viva. È terribile come non esistano vie di mezzo, in questi discorsi. Ma che dovevo dire, «la povera Fortuna»? Orribile.

Lei però non bada a queste sottigliezze. Si volta verso di me con uno sguardo molto serio.

«Giusto. Ma devo prima chiederle una cosa.»

«Mi dica.»

«Dovrebbe comunicarlo a Pietro, il padre di Fortuna. Dovrebbe dirgli che... Ecco, che lei non c'è più.»

Resto di sasso. «Ma, signora, com'è possibile che ancora non lo sappia?»

«Siamo separati.»

Ah, ho capito. Oddio: ma che vuol dire? Due che sono

separati hanno rapporti talmente brutti da non comunicarsi una cosa simile?

«E questo che c'entra?» domando, ancora molto sorpreso.

«Ma lei non lo sa, avvocato?»

«Cosa?»

Fa una smorfia. Una smorfia con le labbra. Uno sbuffo a mezza bocca, di rammarico pensoso, distogliendo ancora gli squarci neri, sul genere: «E ora come glielo dico?».

«No, giusto. E perché dovrebbe» risponde, quasi parlando a sé. Poi torna a fissarmi, serissima. «Lei non sa dove si trova Pietro.»

17
In carcere

Se ieri mi lagnavo che stavo facendo una cosa difficile, ora mi sembra una passeggiata, in confronto a quanto sto per fare. Tanto che mentre me ne andavo da Caivano ho avuto, per un po', la voglia di mollare tutto. Mi sono guardato: io, avvocato di un certo successo, per di più con un incarico politico delicatissimo come quello della presidenza di una municipalità calda, quella di Scampia, e con tanti affari in corso, un mare di amici da aiutare e quel poco che avanza per la mia vita privata, da qualche giorno che faccio? Corro avanti e dietro per l'hinterland napoletano, per luoghi brutti e pericolosi, con un caldo da pazzi che infiacchisce corpo e spirito, appresso a una vicenda tenebrosa e che a ogni passo si fa sempre più tosta, per dare ascolto a un paio di sconosciuti, al fiuto e, soprattutto, alla voce della coscienza. Che in me si comporta più o meno alla stregua del «Cosa sei, McFly, un fifone?» a cui Michael J. Fox in *Ritorno al futuro* doveva necessariamente rendere conto, procurandosi un sacco di guai. Adoravo quel film. E quanto mi piacerebbe stare in un film. Invece no, questa storia è dannatamente vera.

A essere sincero la voglia di lasciare la conservo ancora, mentre mi accingo a superare i cancelli del carcere. Carcere, sì. Tra tutti i posti sbagliati, ci mancava solo la prigione. È qui che si trova Pietro Loffredo, vecchio compagno di Mimma e soprattutto padre di Chicca. E io mi sono lasciato convincere da Mimma a venire qui, nel penitenziario di Poggioreale, per incontrarlo. Lei ha cercato di spiegarmi: sta dentro per contrabbando, roba di sigarette e cd falsi. Sta dentro e ancora non sa quello che è successo a sua figlia. E io, be', sono stato scelto da una sconosciuta, dal fiuto e dalla coscienza per dirglielo.

«Salve» ossequio le guardie consegnando i documenti e il telefono.

Perché tutte a me? Vabbè, un po' lo so perché, non ci torniamo su. Ma se c'è una cosa complessa che ancora dovevo affrontare nella vita è questa. Pensavo di averle provate tutte, ma mi sbagliavo, non si finisce mai di vivere cose forti. Le continue domande, affezionate clienti al tavolo del mio cervello, petulanti, pettegole, inopportune, tornano a tormentarmi: se prima non sapevo come si fa a parlare con una donna che ha perso una figlia, ora mi chiedo con quale coraggio riuscirò a comunicare la cosa al padre. Che è chiuso in galera. Cioè, immaginiamo: tu stai in carcere, da tempo. Evidentemente provato dall'esperienza. Un brutto giorno d'estate, quando dentro ci saranno mille gradi, viene da te uno che non conosci proprio, che non hai mai visto. Chiede di parlarti. Tu prima titubi: ma chi è questo? Poi speri, specie sapendo che è un avvocato, magari ha qualche buona notizia. E invece quello ti viene a dare la mazzata peggiore della tua vita. T'informa che tua figlia non c'è più. La tua bimba di sei anni, la tua unica gioia, il motivo per cui, anche se sei per il momento senza libertà, ancora hai voglia di campare, la tua speranza per quando uscirai, insomma, se ne è andata. Per sempre. E questo sconosciuto te lo sta comunicando. Così, in un brutto giorno d'estate.

Penso mentre cammino. Mi aprono un primo cancello, poi un secondo. Attraverso corridoi illuminati da neon e sfilo davanti ad alcune celle. Quando entro in carcere mi dimentico i motivi del mio giustizialismo. Ho una formazione di destra, diciamo, anche se da qualche tempo sto rivedendo di molto le mie posizioni ideologiche: colpa dei giochini che purtroppo ho dovuto conoscere vivendo la politica da dentro. Ma resto uno che vuole legalità, certezza della pena, giustizia rapida. Eppure, ripeto, quando mi trovo in un luogo di reclusione, tutto ciò entra in crisi. Da una parte gioca l'empatia: vedere uomini, ragazzi e anche qualche vecchietto dietro le sbarre è tremendo, specie quando me ne vado, e in particolare quando ho familiarizzato. Ricordo una volta, uscendo dal carcere di Secondigliano, una scena che per giorni ho faticato a cancellare dagli occhi e dal cuore. Io uscivo, mi girai. Di loro vedevo solo le mani che mi salutavano, dietro i cancelli troppo alti per potersi affacciare. Dalle mani partivano una varietà di felpe – era inverno – in uno strano tripudio di colori. Una tavolozza degna di miglior causa, come si dice, solo mani e tessuti colorati. Ne fui scosso. Vabbè. Dall'altra parte, riprendendo, c'è la considerazione della colpa. Sì, qui c'è gente che avrà commesso reati. Così come chi è completamente innocente: faccio l'avvocato da due decenni e ne so qualcosa; a ogni modo, ci sono molte persone che si saranno trovate a dover commettere qualche guaio: per fame, ignoranza, ambiente critico. E spesso scontano una colpa che potrebbe essere ripartita per metà, se non del tutto, con la società feroce in cui viviamo.

«Aspetti qui» ingiunge un agente.

Eccomi in parlatorio. Quante volte ci sono stato, in questo o simili posti. Il punto da cui il detenuto può entrare in contatto con l'esterno. Un luogo di gioia estemporanea bruscamente interrotta. D'illusione, in fin dei conti. Quanto dura la chiacchierata? Dieci minuti, venti, mezz'ora. Poi basta, fino alla prossima illusione. Dei parlatori mi pare di percepire l'humus, un misto di lacrime e rabbia repressa condita da nostalgia e rimpianto, domande frettolose e baci rubati, sorrisi, abbracci, qualche lite, molta amarezza. Voglia di sfondare il muro di vetro che separa il fuori e il dentro. Un muro, spesso, causato da un attimo di debolezza.

Chissà se è questo il caso dell'uomo che sto per incontrare, quello a cui dovrò comunicare l'incomunicabile. Chissà se si trova recluso per colpa o per debolezza. O magari per tutte e due. Oppure per errore. Mimma mi ha accennato qualcosa, va' a capire se è attendibile. Una donna nelle sue condizioni, poi. Chi può dirlo? Ma quello che non cambia è il fatto che io tra mezz'ora, dopo aver sbrigato la triste pratica, me ne andrò in giro come vorrò. Con le mie domande sciocche e la mia voglia di abbandonare la partita, subito compensata da un moto di coscienza che pure mi pare inutile fronzolo, a contatto con queste storie estreme. Lui no.

«Il detenuto» dice secco l'agente.

Ecco Pietro. Più giovane dell'età che ha. Il viso piuttosto mite. Ho, come dire, una buona impressione. La sua? Si affaccia e pare già stranito. Devo cercare di calmarlo con lo sguardo e le maniere. *Primacy effect*, lo chiamano. A me non piace usare i termini inglesi – della mia vecchia tendenza ideologica è rimasto sicuramente un certo nazionalismo, linguistico e non –, ma devo dire che rende bene l'idea: la forza dell'inizio è capace di condizionare buona parte della dinamica di relazione, giurano gli psicologi. E io sottoscrivo: con un buon sorriso si sciolgono anche muri del genere.

«Buongiorno. Sono l'avvocato Pisani.»

18
Pietro

Pietro mi guarda. Anzi, mi scruta. Ora, dietro il vetro, appare come un fantasma: i riflessi del neon, l'opacità del cristallo, l'aspetto provato. Poi un guizzo, inatteso. Un lieve sorriso.

«Ma voi siete...?» accenna.

Ci risiamo. Il fatto di Diego. Ho una certa popolarità per via della difesa legale del più grande calciatore di tutti i tempi. Specie da quando, pochi mesi fa, sono apparso accanto a lui durante un Napoli-Roma di Coppa Italia. I tifosi hanno associato la partita vittoriosa, con passaggio di turno alla finale, alla nostra esultanza dopo i gol degli azzurri. Di solito vado fiero di questa notorietà. Oggi no, mi si può capire. Però è una strada.

«Sì, l'avvocato di Maradona» faccio, schermendomi. Con qualche ironica alzata d'occhi e un sorriso più disteso.

«E come mai...?» chiede, portando l'indice verso di sé. Starà pensando: «Che vuole da me l'avvocato di Maradona?».

Mannaggia. Ci siamo. Da dove inizio? Vediamo, non voglio essere brusco ma neanche andare troppo per le lunghe. Questione di rispetto: non posso prenderlo in giro, dargli l'ennesima illusione. Così, dopo aver accorciato le distanze con quei sorrisi, assumo un'aria più seria. Non grave, ma composta. Cerco di mettere tutta l'umanità di cui dispongo in quella comunicazione.

«Pietro» esordisco, «ho una cosa da dirle. Una cosa brutta, purtroppo.»

Lui diventa rigido. Non si allarma, è uno che ne ha viste di ogni, ma si mette in modalità concentrata. Credo d'intuire cosa stia pensando. Si dirà: «Vediamo che altro è successo».

«Mimma mi ha chiesto di dirglielo.» Vigliacco. Ho nominato il peccatore senza il peccato. Ma sto cercando di orientarmi a braccio.

«Avvocato, è successo qualcosa ai miei figli?»

Sveglio. Ma di questo ne ero sicuro.

«Fortuna» dico solo.

Un nome, un tutto. Sospira. Gira la testa, come a prepararsi.

«Cosa è successo a Chicca? Ditemi, vi prego» implora, alzandosi a poco a poco.

Chiudo gli occhi. Solo questo. Lui capisce. Dopo lo vedo come in sogno. Trema tutto, ha le gambe impazzite, si accascia, poi si solleva, viene accanto al vetro, spalanca la bocca in un urlo muto, alza la voce ma non grida, guaisce, animale straziato, le guardie si avvicinano, io le calmo spiegando che ha appena ricevuto una terribile notizia, la notizia è là, nell'aria, ma ancora non è stata detta, una cosa del genere non si deve dire, la sua stessa pronuncia la rende più vera del necessario, lui accusa un mancamento, schiuma saliva dalla bocca, no, penso, non volevo vederla questa cosa, mio Dio, se dovesse succedere a me, non vorrò mai un figlio, non se questo è ciò che può accadere, Pietro, mi dispiace, perdonami. Non ha lacrime, solo sgomento, sta sulla sedia come in trance, la bocca ancora spalancata, cerca di succhiare aria alla disperata, i suoi occhi fanno il giro del mondo che è appena crollato, suda, cambia colore, da rosso è di colpo un cencio bianco, si porta una mano alla gola, poi scende verso la maglia, ha una polo pezzotta di Ralph Lauren, in un gesto atavico se la straccia, ora gli è inaccettabile ogni contatto, tutto sembra soffocarlo, le guardie hanno capito, bravi ragazzi, uno lo sostiene mentre l'altro gli butta acqua in faccia e poi lo invita a berne, io guardo catatonico ma seguo con gli occhi, vorrei abbracciarlo, figlio mio, fratello, su questa cazzo di terra siamo tutti fratelli e ogni tanto ci prendiamo a schiaffi, Dio, dove sei, vieni tu, che questa cosa è troppo grande, Signore, voglio scappare, via, chiamo la mia ragazza e ce ne andiamo al mare, aria, sole, acqua, ti porterei con me, Pietro, ma tu devi stare qua accanto a questa cosa orrenda e a tutto il dolore che c'è, e lui infine, incredibilmente, si calma.

Calma da encefalogramma piatto, certo. Ma è qualcosa. Passano i minuti. Forse abbiamo sforato: per i colloqui con i non familiari dev'esserci un minutaggio diverso. Non so, non mi ricordo, ora non ricordo nulla. Sì, abbiamo sforato, ma stanno facendo un'eccezione. A un certo punto si avvicina al vetro e ha il viso come il ferro.

«Voglio sapere tutto.»

«La-la bimba è caduta. Ca-caduta dal balcone» balbetto, ma almeno senza troppe perifrasi.

Si riaccende il delirio. Getta gli occhi in aria come a volersi immaginare la scena.

«Ma come cazzo è possibile!»

Stavolta urla a squarciagola, lanciandosi verso il vetro, cercandomi con corpo e voce, tanto che le guardie devono necessariamente riprenderlo. «Loffredo» gli fanno. Ho una bottiglietta d'acqua, bevo un sorso.

«Ora capisco» dice. «Ecco perché tutti mi trattavano bene, negli ultimi giorni. Lo sapevano.» Si ferma e poi riprende di slancio. «Lo sapevate tutti, vero?» fa, girandosi idealmente verso gli ospiti del carcere. «E cosa cazzo aspettavate a dirmelo?»

Mi sento morire. Non ne ho il tempo.

«Allora, avvocato, dovete dirmi tutto.»

Ora basta. Devo darmi un tono. Per me, per lui.

«Pietro, mi ascolti bene.» Gli sto dando ancora del lei. Eppure tra noi pochi istanti fa è intercorsa una delle massime prove di confidenza sperimentabili tra due umani. «Diamoci del tu. Pietro, la cosa è andata in un modo non chiaro.» Lui è di nuovo concentratissimo. «Forse Chicca è stata lanciata.» La sua espressione muta ancora: adesso è un animale in gabbia che vuole uccidere. «I nonni mi hanno contattato per capire chi è stato.»

La giornata deve ancora darmi qualcosa. Non ne ha avuto abbastanza, 'sta giornata assurda. Cosa succede? Che Pietro guarda a terra, si raccoglie nelle braccia e poi, all'improvviso, molla un pugno fortissimo sul marmo accanto al vetro. Letteralmente, si spacca la mano. Si apre. Esce sangue. Sento che bofonchia qualcosa. «Maledetti» mi pare. Il sangue colora di rosso il bianco del marmo, ma lui sembra non accorgersene, quando riprende a parlare.

«Avvocato» fa. Ha una voce, adesso, ferma come le montagne. Il sangue continua a scorrere. «Voi dovete scoprirlo. Ora non ho un centesimo, ma vi giuro che vi ricopro d'oro. Maledetti.» Sì, avevo sentito bene. Vorrei chiedergli chi sono, i maledetti. Ma adesso non è il caso. E poi lui mi anticipa. «Lo sapevo. Quel posto di merda» fa, parlando tra sé e sé. Di nuovo rivolto a me: «Scopritelo, Angelo». È passato al nome. Meno male. Certo, non sopporto che mi dia ancora del voi, ma non ho il coraggio d'interromperlo. «Fatelo per me.»

Tempo finito. Mentre lo trascinano verso la cella mi guarda, con il sangue che gocciola a terra. E quell'investitura, «fatelo per me», ancora nell'aria. Il sangue e l'investitura, mormoro. Esco.

Mentre in Vespa risalgo dalla zona dell'Arenaccia verso il Vomero, non ho più dubbi. La voglia di lasciare non c'è più. Ed è proprio quando colgo questo che arriva una telefonata. Sergio.

«Angelo, tra quanto arrivi?»

«Pochi minuti, Se'. Sono stato in carcere, non ti dico. Non so come riesca a guidare.»

«Poi mi racconti. Intanto una cosa devo dirtela io: sono arrivati i risultati dell'autopsia.»

«Eh?» Mi trovo sulla rampa che porta in tangenziale, ma inchiodo. Mossa rischiosa, le auto sfrecciano, ma non m'interessa. «E... che c'è scritto?»

«Avevi visto giusto.»

19
Novembre (2015)

A novembre succede qualcosa. Hai definitivamente la sensazione che la bella stagione sia finita. A settembre e a ottobre, complici gite a mare e pranzetti all'aperto, non sei ancora convinto che verrà il freddo. A novembre sì. È fatta. Sarà la luce che ormai scompare presto, nel pomeriggio. Sarà l'aria sulle facce delle persone, nostalgica, sconsolata. Saranno le musiche delle pubblicità di Natale, quelle che si fa a gara a sentire per primi. «Io già ho visto la réclame della Bauli», con tono rassegnato, a significare: anche quest'anno dobbiamo sorbirci due mesi di canzoncine stucchevoli.

Oppure sarà il vento, che un giorno cambia e porta una lama di gelo sulle città. Non è ancora un freddo vero, ma un presagio. Che forse è peggio. Al freddo ormai maturo ti abitui, ma alla prima idea che stai abbandonando magliette e camiciole per sciarpe e guanti, meno. Sarà che a novembre hai l'idea di entrare in un lungo tunnel chiamato inverno, intriso di piogge, lavoro e smog, un cunicolo che sembra senza fine. Fai i conti e dici: quando torna la luce? Tre, quattro mesi. Ma sono lunghissimi, quattro me-

si. D'estate schizzano in un lampo di cocktail e cenette sui balconi, tra un tuffo e una chitarra in un cortile all'aperto. A novembre il tempo si ferma. Puoi esorcizzarlo con le ultime gite fuori, in campagna per comprare il vino nuovo, magari durante l'effimera parentesi dell'«estate di san Martino», ma anche queste hanno un sapore amaro, in fin dei conti. Segnate dalle poche ore di luce che il sole pallido ti regala, rese inutili dal ritorno in una città cupa, evaporate in una tv accesa, aguzzina febbrile e ipnotica.

Oppure sarà altro ancora. Novembre è il mese dei morti. Brutto iniziare un mese sotto questa egida, spada di Damocle sui giorni e le opere. Il mese dei morti, come un film di Romero, una sorta di riscossa di chi non c'è più. Roba da zombie. Come nasce questa storia non so, voglio informarmi, tanto di tempo ce n'è. Fuori il vento fischia e quelle nubi non promettono nulla di buono. Mi capita tra le mani un volume, un saggio sulle tradizioni rurali del Mediterraneo, e qualcosa esce fuori. Uhm, vediamo. Qui spiega che il culto dei morti è antichissimo e la data del 2 novembre sembrerebbe riferirsi al periodo del grande diluvio di cui parla la Genesi, quello per cui Noè costruì l'arca e che secondo il racconto cadde nel «diciassettesimo giorno del secondo mese»; corrisponderebbe al nostro novembre. Secondo la tradizione, la festa dei morti nacque dunque in onore delle persone che Dio stesso aveva condannato, al fine di esorcizzare la paura di nuovi eventi simili. Una storia sospesa tra religione e leggenda, ma quale che sia stata la vera origine della festa del 2 novembre, certe sono le testimonianze storiche che attestano l'usanza di commemorare i defunti già in società antichissime, distanti tra loro nello spazio e nel tempo. Dall'antica Roma alle civiltà celtiche, fino al Messico e alla Cina, è un proliferare di riti, dove il comune denominatore è consolare le anime dei trapassati perché siano propizie per i vivi. Certamente origini e riti si ricollegano all'antica usanza del banchetto funebre, un tempo comune a tutti i popoli indoeuropei, ma la tradizione celtica fu quella che ebbe maggiore eco in Europa. La celebrazione più importante del calendario celtico era infatti la «notte di Samhain», notte di tutti i non vivi e di tutte le anime, che si festeggiava tra il 31 ottobre e il 1° novembre.

All'epoca dei primi cristiani queste tradizioni erano ancora molto presenti e la Chiesa cattolica faticava a sradicare i culti pagani. Così, nell'835, papa Gregorio IV spostò la festa di «Tutti i Santi» dal 13 maggio al 1° novembre, pensando, in questo modo, di dare un nuovo significato ai culti pagani. Nel 998 Odilo, abate di Cluny, aggiunse poi al calendario cristiano il 2 come data per commemorare i defunti.

Motivo ricorrente nella tradizione popolare è ancora la credenza che in questo giorno i cari scomparsi tornino a farci visita sulla terra. Il viaggio che li separa dal mondo dei vivi è lungo e faticoso: nasce così, per ristorare i propri cari e per renderli benevoli verso i giorni che verranno, la tradizione culinaria della festa dei morti che accomuna per significato e finalità tutte le regioni della nostra penisola. Ciò dimostra che, se è vero che oggi il culto commemora i defunti attraverso il suffragio e la preghiera, altrettanto vero è che molte delle antiche usanze continuano a vivere nel comune intento di accogliere, confortare e placare le anime degli avi scomparsi. Gli odierni dolci dei morti simboleggiano dunque i doni che i defunti portano dal cielo e contemporaneamente l'offerta di ristoro dei vivi per il loro viaggio. Un modo per esorcizzare la paura dell'ignoto che la fine della vita ci spalanca.

Sono abbastanza soddisfatto. Be', leggere tante cose sulla morte non è che dia gratificazione, ma almeno ho capito. E così, mentre sto per chiudere il volume per riporlo nella libreria, mi cade l'occhio su un dettaglio. «In molte zone d'Italia c'era inoltre l'usanza di mettere delle piccole scarpe sulle tombe dei bambini defunti perché si pensava che nella notte del 2 novembre le loro anime (dette "angioletti") tornassero in mezzo ai vivi.» Mi blocco, con il libro tra le dita, a mezz'aria, tra la scrivania e gli scaffali.

Oddio, penso.

Scarpe. Bambini. Angioletti.

20
La ghigliottina

Da due giorni sono a casa per un'influenza. Letto, libri e tivvù. Il telefono è scarico e non me ne curo. Per oggi voglio stare isolato. In fondo non mi dispiace, la febbre, specie in inverno. Il corpo si rigenera ed è un'occasione per staccare. Persino un *artetecoso* come me, ovvero uno smanioso, uno che non sta mai quieto – in realtà *artetecoso* è un altro di quei termini napoletani intraducibili –, ha bisogno di fermarsi, ogni tanto. Niente di grave, roba che sta girando, come si suol dire, ma quanto basta per starsene un po' tra le coperte. Può capitare, in pieno novembre. In effetti a me non capita quasi mai. Sì, saranno stati due anni che non mi ammalavo. Sono uno di quei soggetti quasi immuni.

«Merito del latte materno» mi pare di sentire le parole di mamma. A questo proposito, mi è venuta a trovare: anche a quarant'anni passati non possono mancare il brodo e le premure materne. Mi sa che senza non si guarisce. Lo sostiene lei e io la sfotto; un po' ne sono convinto anch'io, ma davanti a lei non lo ammetterò mai.

Quando c'è mamma a quest'ora ci divertiamo a guardare *L'eredità*, un programma di Rai 1. E soprattutto la sua parte finale, la cosiddetta «ghigliottina», che raccoglie uno share pazzesco. Il meccanismo è semplice: si danno cinque parole e bisogna trovare quel termine che abbia una relazione con tutte. Noi facciamo a gara a chi lo indovina per primo. Mi capita pure con la mia ragazza: se non siamo insieme, addirittura ci telefoniamo per capire chi ha vinto. E così sono sul divano, plaid e cuscinoni, a lagnarmi con la voce nasale.

«Maaa', sta cominciando» la chiamo.

Sento che traffica nella mia cucina, protestando per il casino, l'assenza di cibi sani e di arnesi per prepararli. Una scena classica di mamma italiana con figlio casinista.

«Se ci fosse una donna, in questa casa...» sento che borbotta.

Seee, come no. Se ci fosse una donna ti lamenteresti lo stesso per il disordine che produrrebbe, penso ridacchiando. Titoli di anteprima del Tg1: vanno in onda prima della ghigliottina perché questa è di grosso richiamo. Così, dopo, a traino, lo spettatore resta sul canale. Ma io non ho bisogno di effetti subliminali. Di solito, se sono in casa, il tg lo guardo eccome.

«E *ja'*, vieni. Che dopo protesti se vinco io» insisto.

«Un attimo, tanto ci sono le anticipazioni del telegiornale» ribatte mamma.

Dalla cucina arriva un odore magnifico. Brodo di carne e pollo, sicuro. Da bambino lo adoravo con tanto parmigiano e i passatelli, un tipo di pasta che si fa nell'Italia centrale. Uovo, buccia di limone e farina. Ogni tanto è bello tornare bambini che si fanno coccolare dalle attenzioni della mamma.

Parte la lettura delle notizie che sentiremo tra qualche minuto nel telegiornale: ancora sviluppi sulla strage di Parigi a opera dell'Isis, tra la sala concerti Bataclan e alcuni locali del centro. Che cosa assurda, penso. Uno se ne va in giro il venerdì sera per sentire musica o per bere una birra e si ritrova al centro della storia e dei suoi orrori.

«Che disgrazia» sento mia madre che sopraggiunge da dietro il divano. «Ma tu che ne pensi? Chi è stato?» mi chiede.

Sono sempre stato il riferimento per i fatti di politica dei miei familiari, mamma in primis. Il ruolo che ho avuto negli anni nelle vicende di attualità, la carica che ricopro di presidente di municipalità, il fatto di essere apparso spesso in televisione fanno di me un'autorità indiscussa. Ma in casa, anche per dispetto, ho sempre dato le mostre di banalizzare, con l'atteggiamento navigato di chi le ha viste tutte.

«Mah» dico, con aria compassata.

«Ma come "mah"?» replica mamma. «Sono morte tutte quelle persone e tu fai "mah"?»

Lo sapevo, l'ho scandalizzata. Dentro me la ridacchio, nonostante la circostanza. E continuo con il mio mutismo sornione.

«Angelo, ti rendi conto?» dice ancora.

«Ma', la questione è che noi vediamo solo una parte della verità. Quello che vogliono fare uscire» sentenzio, sempre guardando la tivvù.

Ma sì, la via della dietrologia fa sempre un certo effetto. Non che la cavalchi di solito, anzi: mi lascia più perplesso del suo contrario, ovvero l'eventuale manipolazione della realtà. Però adesso non voglio immergermi in discussioni con mamma sui massimi sistemi. Ho la febbre e voglio guardarmi la mia ghigliottina in santa pace.

«Sì, sì» protesta lei, per nulla soddisfatta della mia uscita. «Intanto voglio vedere se ci stavate tu o i tuoi fratelli, a Parigi. Che state sempre a viaggiare, in continuazione. Per i prossimi dieci anni ve ne state tranquilli a Napoli, capito?»

La mia vecchia pare esagerare, eppure ci metterebbe una decina di firme, su una pretesa del genere. E non demorde.

«Ma ti rendi conto che quella gente stava passeggiando...»

«Ma'! Basta, ti prego. Se volevano, i servizi segreti non facevano entrare uno spillo, in Francia, capito? E ora, per favore, mi fai sentire?» la freddo.

Lei, bofonchiando, rientra in cucina. Forse sono riuscito a tacitarla per qualche minuto. Sorrido, poi leggo un titolo. Un titolo che mi cambia la serata: e infatti non sorrido più.

PARCO VERDE, SVILUPPI SULL'OMICIDIO FORTUNA

Istintivamente mi sollevo dal divano. Mamma torna.

«Allora, è iniziata la ghigliottina?»

21
Cenerentola

«La prima parola di stasera è "Cenerentola"» scandisce mia madre leggendo sullo schermo.

Ascolto il suono delle sue parole, ma non le seguo. Adesso sono totalmente rapito da cosa dirà il telegiornale sul caso Fortuna. Potrei leggerlo da internet sul telefono, ma non ha batteria e ci mette moltissimo a ricaricarsi: faccio prima a sentirlo in tivvù.

È passato quasi un anno e mezzo, da quel giugno maledetto. Diciassette mesi di passione, nel senso cristiano del termine. L'intuizione che avevo avuto, confermata dall'autopsia, invece di aprire nuovi scenari sembra aver precipitato tutto in una strana nebbia. Perché? Su Chicca il medico legale ha riscontrato fratture tipiche da precipitazione, evidenti. Per ucciderla di botte altrove e procurarle le stesse fratture ci sarebbero dovuti passare sopra. Quella mattina Chicca è stata lanciata viva, questo è certo; così risulta dall'esame del torace. Ma la perizia dell'anatomopatologo ha rivelato anche altro: la bambina veniva violentata, da molto tempo.

Quando ho letto le carte tremavo, preso da conati di

nausea. Mi sono ritrovato più volte a mettermi le mani sugli occhi, inconsciamente intento a proteggermi da quello che io stesso avevo scelto di leggere. Gli abusi erano ripetuti e cronici, si leggeva, e... no. Non ce la faccio. Tornano ancora adesso gli spasmi allo stomaco. Era quello che intendeva la maestra quando mi aveva ingaggiato, era quello che avevo sospettato fino all'esito dell'autopsia. Violenza sessuale. Su una bambina di sei anni.

Era stata violentata di recente. Ma non si conosce ancora l'arco temporale delle sevizie; potrebbe essere tanto di un giorno quanto di due mesi. Anche pochi minuti prima di morire. A me era bastato per formulare un'ipotesi: Chicca è stata lanciata giù per essersi opposta alle violenze. È una verità che mi appare lampante e che però, adesso, non si può dire. Che forse resterà dov'è. Perché una cosa è la violenza, un'altra un omicidio. Le due cose possono essere slegate. Da un lato, in un modo raccapricciante, lo spero; dall'altro sarebbe una via per trovare l'autore, o gli autori, di crimini efferati. Ecco che risale la nausea, là, sul divano, mentre sto guardando con mamma la ghigliottina. Abusi cronici e ripetuti. La piccola era stata fatta schiava da qualcuno. Parenti, amici, vicini; chi può dirlo?

Ricordo quando incontrai Mimma, la madre di Fortuna, per aggiornarla sugli sviluppi. Come le accennai al fatto, m'interruppe subito.

«Se le autorità non faranno giustizia ci penseremo da soli» disse serissima, feroce. «A me questa storia ha cancellato ogni sentimento. Non m'interessa di finire in carcere: appena capisco chi è il mostro, lo uccido con le mie mani.» Anche lei era arrivata a quella orribile conclusione. Mi fissò con occhi privi di luce. «È nel nostro palazzo, avvocato. Ed è impossibile che nessuno abbia visto. Fanno schifo. Chi sa deve parlare.»

Parlare, già. Ma per parlare ci vuole un coraggio che in quel posto nessuno pare avere. Anzi, pochi mesi dopo la tragedia c'erano state delle scoperte che avvaloravano le ipotesi su Fortuna e che gettavano una luce ancor più sinistra sul contesto del Parco Verde. Una sorta di girone infernale a una ventina di chilometri da casa mia.

«Cenerentola. Ma è troppo presto per capire» osserva mamma.

22
Corsa

«Angelo, la seconda è "corsa". Allora?»

Bellina, mia madre. Vorrebbe giocare come facciamo sempre. Ma a me di colpo è passata completamente la voglia. Sono risucchiato dalla storia di Fortuna, dalle imminenti rivelazioni e dai ricordi. Come quest'altro che è datato 24 dicembre 2014, esattamente sei mesi dopo la morte della bimba, la notte della vigilia di Natale. Uno scherzo del tempo. Quella è la notte in cui la famosa *vacatio Dei* dovrebbe terminare. Nasce nostro Signore e torna il bene sulla terra. Torna la luce, il sole riprende il suo cammino. E invece al Parco Verde le tenebre ripiombano più prepotenti che mai.

Il 24 dicembre viene arrestato Riccardo Bruno. Uno che sulle prime mi era suonato simpatico: Bruno, infatti, è quello che trasportò il corpo di Fortuna, in fin di vita, all'ospedale. Un giovane, sulla trentina. La trovò riversa a terra e non perse tempo: la mise a bordo di un'auto e via, di corsa, al pronto soccorso.

Il suo corpicino era stato avvistato per primo da un uomo che abita al primo piano del palazzone. Diede l'allarme mentre assieme a suo genero stava eseguendo dei lavori di ristrutturazione nell'appartamento. «Pensavo fosse un sacchetto della spazzatura gettato dall'alto, ma non riuscivo a vedere bene dalla posizione in cui mi trovavo» avrebbe ripetuto nei giorni successivi. Il genero andò giù e si rese conto che la bambina era a terra, priva di sensi. La caricò subito in auto mentre si scatenava il caos. Neanche il tempo di aspettare che i familiari della piccola scendessero dal loro appartamento al sesto piano, che Riccardo era già partito verso l'ospedale di Frattamaggiore.

Ebbene, Riccardo Bruno è stato arrestato con l'accusa di violenza sessuale nei confronti della figlia, di dodici anni.

«Cose fatte a livello di dita, davanti e dietro» spiegavano ai microfoni i parenti dell'uomo, difendendolo.

«Mia figlia è vergine» aveva poi dichiarato la moglie. Ma le microspie piazzate dai Ros nell'ambito delle indagini sulla morte di Chicca avevano chiaramente captato la voce della dodicenne lamentarsi durante un abuso. Qualche mese dopo, il 3 aprile, venne arrestata anche la madre, per lo stesso reato. Secondo la ricostruzione degli inquirenti, la ragazzina sarebbe stata abusata da entrambi i genitori.

Nell'ordinanza di arresto e negli interrogatori di Riccardo i magistrati sottolineano come l'uomo abbia fornito in diverse occasioni «particolari non veritieri» riguardo la mamma della piccola Fortuna. Soprattutto, sembra che Riccardo abbia sollevato dubbi sul fatto che la bimba sia stata uccisa, ma anche sull'onorabilità di Mimma Guardato: «Ha avuto figli da diversi compagni, nella sua famiglia sono tutti pregiudicati».

Eppure, sarebbero alcuni parenti della moglie di Riccardo a gestire la piazza di spaccio dentro il palazzone dell'isolato 3 nel Parco Verde. Un intero piano dell'edificio, a quanto pare, è controllato da telecamere di sicurezza collegate a un televisore nella cucina del capopiazza, legato un tempo a un clan locale e oggi vicino alla scissione di Scampia.

«Quando sono venute le guardie, mia figlia teneva la fatica in mano e l'ha buttata dal balcone, ma il vento l'ha fatta tornare indietro e l'hanno trovata» ha dichiarato il tizio. Con il termine «fatica» intende le bustine di eroina che spaccia. «Mi hanno smontato le telecamere buone che tenevo, io devo controllare l'ingresso perché possono pure venire a spararmi, così ho dovuto montare delle telecamere cinesi» ha raccontato.

Qualche mese prima dell'arresto, tra Riccardo e uno dei compagni di Mimma Guardato era scoppiata una violenta rissa, proprio perché accusato di far parte della rete di pedofili che aveva fatto del male anche a Fortuna. Per giorni girò con una grossa cicatrice in volto.

Insomma, quello che poteva candidarsi a essere un angelo era un mostro, tra i peggiori. Pensa come è strana la morale, come funziona a velocità folli e diverse. Uno può essere un pedofilo e poi precipitarsi per salvare una bimba, di corsa.

«E dai, tesoro. "Corsa", cosa ti viene in mente?» continua mia madre.

Cenerentola, corsa. Uno scherzo della mente mi porta a declinare una mia personalissima ghigliottina.

«Sì, ma', scusa. Ero soprappensiero. La prossima qual è?» le chiedo.

23
Morire

«La terza è "morire".» Mia madre è ipnotizzata dallo schermo.

Io invece, dopo la breve pausa per compiacerla, torno a vagare tra gli spettri. Morire, dice la tivvù? Se c'è una cosa che non manca è proprio la morte, in questa storiaccia. Che a tutti quegli elementi già inquietanti ha aggiunto un ingrediente a sorpresa. Una nuova sciagura: all'improvviso muore il pm che stava indagando. L'amico mio, il mio adorato Federico Bisceglia, l'unica buona notizia che avevo avuto in tutta la vicenda.

Nella notte tra il 28 febbraio e il 1° marzo scorso Federico stava viaggiando dalla Toscana verso casa, in Calabria, in compagnia di un'amica. Era uscito di strada sulla Salerno-Reggio Calabria nel tratto tra Sibari e Frascineto, rimanendo vittima dell'impatto successivo. L'amica restò ferita, ma riuscì a salvarsi. Fu rubricato come incidente, anche perché in quella zona il manto stradale è in pessime condizioni e interessato da continui lavori di riassetto. Un colpo di sonno, a quell'ora, o un attimo di distrazione. Ma trattandosi di un incidente occorso a un magistrato piuttosto noto che, oltre che sul Parco Verde, stava indagando sulle ecomafie nella Terra dei Fuochi, ci fu chi ne mise in dubbio la casualità. Si parlò, addirittura, di attentato.

L'incidente, infatti, rivelò fin da subito una serie di anomalie. Scrisse «La Provincia di Cosenza»:

> Sull'asfalto non ci sono tracce di frenata né sgommate, e le barriere laterali del guardrail, che dà sulla scarpata dov'è precipitata la vettura, sono integre. Non c'è stato alcun testacoda come riportato, inizialmente, dal comunicato dell'Anas che pure dovrebbe conoscere l'esatta dinamica dei fatti. La macchina ha sfondato di netto il muretto di metallo a seguito di un'improvvisa sterzata. Eppure l'erba del terrapieno, che dovrebbe essere ammaccata dal passaggio della vettura, è integra, eccezion fatta per due alberelli troncati di netto. Strano, no?

Il quotidiano tira in ballo anche la donna con cui il magistrato viaggiava, riportando che i primi referti parlano di un suo ricovero in condizioni disperate all'ospedale di Cosenza. Dopo due giorni, invece, la donna viene dimessa e torna a casa. «Molto rapido l'interrogatorio della signora: "Un incidente, solo un incidente" minimizza. Nessun mistero. Una pura disgrazia. La magistratura asfalta il caso. La politica se ne frega: da segnalare solo un'interrogazione a firma Luigi Di Maio per i 5 Stelle. Per il resto, il silenzio più tombale» si legge nel reportage.

Ma la controinchiesta del quotidiano calabrese tocca altro: «Siamo al punto più controverso. Qualche ora prima ci sarebbe stato un altro incidente sulla carreggiata nord, ossia sul versante opposto a quello in cui viaggiava il pm.

Ma di quello scontro Anas e polizia stradale dicono di non saperne nulla». Su questa circostanza fornisce altri dettagli Road Tv Italia in un suo servizio: «In base a quattro testimonianze attendibili, riferite da un giornalista che per ovvie ragioni di sicurezza non rivela la sua identità, nella serata del 1° marzo non vi fu un solo incidente, ma anche un altro sulla carreggiata nord» e continua dicendo che sabato 28 febbraio, verso le ore 20.45, quattro testimoni, provenienti da Salerno, diretti in direzione sud, verso Cosenza, appena sorpassato l'autogrill di Castrovillari hanno notato sulla carreggiata nord verso Salerno un gruppo di auto di polizia stradale, ambulanze e pompieri ferme sul luogo di un incidente. «Quattro testimoni contraddicono la versione ufficiale» osservano ancora i cronisti di Road Tv Italia. «Nelle ore successive all'incidente del magistrato in tutte le redazioni stampa online e cartacee si parlò solo di un incidente stradale sulla carreggiata sud e non su quella nord e avvenuto verso le 23.30 e non alle 20.45. Come mai niente e nessuno ha mai parlato del primo incidente? In base ai testimoni è avvenuto un incidente che il resto d'Italia non conosce. Perché, e cosa vuol dire questa stranezza?»

Insomma, un polverone. Ma c'è un motivo: qualche giorno prima era successo altro. Era morto anche Carmine Schiavone, il pentito dei casalesi che per primo vent'anni fa rivelò l'interramento di veleni in Campania. A stroncarlo, un infarto, un attacco di cuore la cui natura molti misero in dubbio. Infatti Schiavone si trovava in ospedale dopo essere caduto dal tetto di casa sua, dov'era impegnato in lavoretti di riparazione. Qualcuno parlò di una «manina» che lo avrebbe spinto giù dal tetto, e di un intervento simile in corsia, dopo il suo ricovero. Una logica c'è: alcuni giorni prima di morire l'ex camorrista avrebbe predetto strani incidenti stradali ai danni di quanti si erano avvicinati troppo ai fili dell'alta tensione delle ecomafie.

A lanciare inquietanti sospetti è stato l'oncologo dell'Istituto Pascale, Antonio Marfella, stretto collaboratore di don Maurizio Patriciello, sacerdote in prima linea nella lotta ai roghi e agli sversamenti illegali di veleni. Dopo aver appreso della morte del magistrato, Marfella sulla sua pagina Facebook ha denunciato che Schiavone avrebbe avvertito, nei mesi precedenti, il medico e il sacerdote di Caivano di «stare attenti agli incidenti stradali».

> La notizia dello schianto in autostrada del magistrato Bisceglia con il quale ho collaborato, non solo mi schianta dal dolore ma mi obbliga al terrore in considerazione del messaggio preciso che ho ricevuto in occasione dell'incontro con il pentito Schiavone insieme a padre Maurizio [...]. Sono stato avvisato da Carmine Schiavone a essere particolarmente attento a incidenti stradali come già capitato a un altro mio referente e amico: il generale dei carabinieri Gennaro Niglio. Su quest'ultimo si disse che aveva avuto quell'incidente perché si era avvicinato troppo alle coperture di cui godeva Bernardo Provenzano ancora latitante.

Così scrive Marfella. Poi la drammatica conclusione: «Ora ho davvero paura».

Che fatti. Un groviglio immondo e inestricabile, dove s'incrociano interessi e verità deviate. Chissà. Attentato o non attentato, sta di fatto che ho perso un amico, oltre che un alleato prezioso nel caso Fortuna. Un uomo perbene e coraggioso. Me ne sto là, intabarrato, avvolto da coperte e pensieri neri.

«Forse inizio a capire» commenta mamma. «Ma non mi voglio sbilanciare.»

24
Il bambino

Cerco contatti con il presente, guardando mia madre tutta concentrata sul gioco. Provo a riaffiorare da quella nebbia insana.

«Allora, dimmi cosa hai pensato» indago. «A me non viene niente.»

«E grazie, da quando è iniziato ti sei estraniato» ribatte lei. «E dire che hai insistito tanto per giocare, mi hai fatto pure mollare tutto in cucina.» Ora mamma mi guarda con l'aria, in parte sconsolata e in parte intenerita, di chi conosce bene i propri figli e li adora nei loro pregi e soprattutto nei difetti. «Te ne sei stato imbambolato sulle nuvole da quando il telegiornale ha parlato del Bataclan. Sei sempre stato così, pure da bambino: fisicamente stai qua, ma in realtà vaghi tra le tue idee geniali e i tuoi sogni di gloria» conclude.

«Dai, dai» faccio, simulando attenzione. «Ora esce la quarta parola. È "bambino".»

«Uhm» riflette lei. «Sì, è un po' stiracchiata, ma può andare con quello che ho pensato.»

Mentre assume l'aria soddisfatta di chi vede confermarsi la sua intuizione, io riprendo a gironzolare tra incubi e dintorni. Come fossi ancora lì, rivado a qualche giorno fa, quando ero al Parco Verde per continuare le mie ricerche. Me lo ripercorro in diretta, come un film. Mi fermò un tipo.

«Sono Giglio Gennaro» disse.

Avevo da poco finito un'intervista dopo che erano stati resi noti ai giornali i risultati dell'autopsia. Andavo di fretta. Però, Giglio. Dove l'avevo già sentito?

«Il papà di Antonio» aggiunse. Ecco perché mi suonava familiare.

Lo osservai. Aveva... l'aria più buona del mondo. Spaesato, timidissimo. Volto scavato, scuro, il naso adunco e le sopracciglia all'ingiù. Tutto uno spigolo, ma di quelli che non pungono. Un uccellino sopravvissuto a una tempesta.

«Mi perdoni, è che... Piacere, Angelo.» Istintivamente lo trattai con confidenza.

«Vi ho riconosciuto e mi sono permesso di aspettarvi.»

Tornai a osservarlo. Aveva del garbo, questo tipo tutto ossa. Se non fosse stata per l'apparenza di uomo della strada, sicuramente di uno che non ha avuto una vita semplice – la faccia parla, e il suo volto scavato urlava, addirittura –, lo avrei preso per un prete di paese.

Mi fermai a sentire cosa voleva dirmi. In fondo era uno che aveva perso un figlio e qualche minuto potevo concederglielo. Però lui taceva. Una ritrosia naturale che gli eventi della vita dovevano aver amplificato.

«Gennaro, forse voleva parlarmi» gli feci, per metterlo più a suo agio.

Aveva un curioso tic. Muoveva le labbra come se avesse avuto il paradenti dei pugili. Con conseguenze sulla base del naso, molto mobile. Le narici erano piuttosto eloquenti, in Gennaro.

«No, è che dopo che ho saputo di quei due arrestati, io, be'...»

S'impappinò. Emotività a fior di pelle, le narici tremavano.

«Ha dei sospetti?» tagliai corto.

«Sì, avvocato.»

Si mise le mani in faccia. Erano passati molti mesi, ma il viso di quel piccolino doveva averlo stampato a fuoco in testa come un'ossessione.

«Su, su. Si calmi e mi spieghi.»

Gennaro prese un respiro e provò a parlare.

«Avvocato, ho sempre pensato che Antonio non fosse caduto giù da solo.»

Ecco, ci risiamo, pensai. Ma sta di fatto che istintivamente condividevo quei sospetti: del resto, anche io avevo sentito dentro di me che i due fatti, la fine di Chicca e quella di Antonio, fossero legati.

«Che ricordo ha del piccolo?» continuai, professionale.

«Era la vita mia. Però, per il tempo che la madre me lo ha lasciato vedere...» disse, facendo spallucce.

«In che senso?» chiesi.

«Lo sapete che nemmeno al funerale ha voluto che andassi?»

«Ma lei aveva il diritto di esserci!» ribattei.

Lui si strinse ancora di più nelle ali da uccellino e mi guardò come a dire che avevo ragione, ma al contempo che lui così era fatto.

«Quella mi faceva paura. M'intimò di non andarci. Disse che mi avrebbe fatto uccidere, e io le ho creduto: era una terribile. Pazza e violenta.»

«E perché, poi, non voleva che andasse?» domandai.

«Sapeva che volevo chiedere l'autopsia sul corpo di Antonio. Non credevo alla sua versione.»

«Quando vi siete lasciati?»

«Praticamente subito dopo la nascita di Antonio. Poi lei, che aveva già altre due figlie, si è messa con Mario. È da lì che i due hanno tentato di non farmelo mai incontrare, se non ogni tanto. Dovevo sorprenderli per stare con il piccolo.»

Il tic era all'acme. Stava per piangere, poi si diede un contegno. Meglio così: non c'è niente di peggio che vedere un uomo piangere.

«Ma ero il padre, lo conoscevo bene anche se l'ho visto poco. Ed è per questo che non credo a quanto sostengono.»

«Mi faccia capire.»

«Avvoca', il bimbo teneva una paura mai vista dell'altezza. Non so: o perché era cresciuto all'ottavo piano, o perché era traumatizzato dalla situazione, brutalizzato da quei due, boh. So solo che una volta gli volevo far fare un gioco che tutti i bambini amano. Volevo farlo camminare su un muretto alto manco un metro tenendolo per mano. Si mise a piangere, era terrorizzato. Mi preoccupai pure.»

Ahia. Che storia.

«Ora mi viene in mente» continuò Gennaro «che forse lo minacciavano di farlo cadere. Capaci di tutto. Fino a ieri, confesso, mi tenevo alla larga. A voi lo dico adesso perché voglio la verità, ma non parlerò con nessun altro finché loro non saranno in carcere.»

«Perché tanto odio nei suoi confronti? In fondo lei era stato lasciato...» osservai.

«Perché non cedevo ai loro ricatti. Volevano soldi, in continuazione. Io gli davo quello che era giusto per mantenere Antonio e quello che potevo permettermi. Ed è per questo che credo siano stati loro a farlo cadere.»

«Cioè?»

«Poche ore prima avevo avuto l'ennesima lite con Rosaria che mi aveva chiesto del denaro. Mi ero rifiutato. E poi le avevo detto altro.»

«Cosa?»

Si fermò, misurò le parole, cercava forza anche se non era tipo da esibirla.

«Che avrei fatto di tutto per riprendermi il bambino. Ma lei mi disse che non ci sarei mai riuscito. Che sarebbe stata capace di ucciderlo.»

«E così, per paura di perderlo, lo avrebbe lanciato giù?» domandai.

«Più che altro per stizza di perdere i soldi» disse, assumendo un'aria disgustata.

«Insomma, Antonio sarebbe stato il loro strumento di estorsione. Uhm, tosta come ipotesi.»

«Avvocato, aiutatemi. Voglio sapere la verità.»

Gli promisi che avrei tentato il possibile.

Gennaro, Antonio, Chicca, Mimma. Stavolta il ritorno alla realtà è ancora più difficile: la passeggiata tra i fantasmi di quell'anno strano è stata davvero dolorosa.

«Ma sì!» strilla mamma. «Io ci sono.» Mi guarda felice come una Pasqua. «Vuoi sapere qual è la parola?»

25
La scarpa

Fisso mamma che dice di avere la soluzione in tasca.

«E non aspetti neanche l'ultima parola?» le chiedo.

«Certo, c'è più gusto a indovinare prima. Ma che è, pare che non lo sai. Non so per quanto tempo ti sei vantato, una volta, di averne azzeccata una quando erano a sole tre parole.» Mi viene vicino. «Mi spieghi che hai? Non ti riconosco.»

«Niente, sarà la febbre» cerco di sviarla. «Allora, voglio sentire la soluzione.»

Lei si ferma al centro del salone, tutta emozionata.

«La parola giusta è "scarpa"» dice, enfatica.

Come una sentenza. Scarpa. Ecco qua.

«Ma sì!» esclamo, estatico.

«Sei fiero di mamma tua?» chiede lei.

«Di più. Sei... mamma, sei un genio!» esclamo, mentre penso ancora a quella parola, tanto comune quanto fatidica. Scarpa.

Lei è tutta orgogliosa e si pavoneggia, in attesa del responso del conduttore. E sa solo metà del motivo per cui le ho tributato quel complimento.

La scarpa. Sono di nuovo in trance. Fortuna è stata ritrovata a terra senza una scarpetta. La scarpetta. A volte i simboli giocano con noi uomini, e spesso nel modo più feroce. Quale bambina non ha mai sognato di avere una scarpetta di cristallo, come quella di Cenerentola, quella famosa scarpetta che perde al ballo, scoccata la mezzanotte, fuggendo dal castello, e che la porterà a trovare l'amore della sua vita? Quale bambina non ha mai aperto l'armadio della mamma e preso furtivamente le sue belle scarpe con il tacco per provarle, solo per sentirsi più alta, per giocare all'adulta, per sentire il rumore del tacco sul pavimento, anche se la scarpa di cinque o sei numeri in più le sfuggiva dal piede?

Stavolta la scarpa era il segno di qualcos'altro. Lo stavo gridando da mesi, purtroppo inascoltato. Ma io lo sentivo: il particolare di quella minuscola calzatura nera, un sandalo, uno di quei modellini da pochi centesimi che d'estate usano le bimbe, comprato probabilmente in un mercatino sotto casa o da un ambulante, una di quelle cose che passano sempre in secondo piano, di cui sbarazzarsi appena entrati in casa, impolverato e sdrucito, forse acquistato l'anno prima e ora già da cambiare, le scarpe dei ragazzi conoscono avvicendamenti lampo, a quell'età crescono a vista d'occhio, per la soddisfazione e la stizza dei genitori che devono tornare a spendere per loro ogni sei mesi, quando non possono contare sui ricambi offerti da fratelli e cugini più grandi, prima era quasi obbligatorio, trovavi felpe, giacche e pure le scarpe per tre o quattro generazioni, un rito di passaggio, una staffetta familiare, una pratica diffusa anche tra giri di amici e inquilini del palazzo, e non solo tra la povera gente, ma prima era diverso, c'era l'austerità e gli abiti erano buoni, sfidavano il tempo, e delle mode nessuno si curava, oggi no, è quasi una vergogna indossare vestiti usati, vabbè, non so perché sto divagando così, ma il fatto è che sono confuso e il dettaglio di quella scarpetta, dicevo, mi si è inchiodato in testa.

«Questa è la scarpetta che la piccola Fortuna aveva al piede al momento della sua atroce morte» avevo dichiarato ai giornali nell'autunno scorso, quando speravo ancora che un appello potesse smuovere coscienze e attenzione. «Quale mostro nasconde l'altra?» Ero sicuro che i vari fatti – le violenze, la scomparsa della scarpa e la morte della piccola – fossero in relazione. «La risposta a questa domanda e il ritrovamento del sandalo destro di Chicca possono aiutare a svelare il mistero che avvolge l'omicidio della piccola Fortuna e permettere di assicurare il killer e gli altri soggetti coinvolti alla giustizia, oltre a far chiudere il cerchio sulle violenze.»

Mi sembrava tutto così evidente. Se fosse stata vera la versione ufficiale, quella della caduta accidentale, sarebbe stato difficile credere a una sequenza del genere: la bimba si leva una scarpa, si arrampica per gioco e precipita. Oppure, era possibile che nell'impatto l'avesse persa: in questo caso, però, l'avrebbero ritrovata nei pressi della zona in cui è caduta. Invece, niente.

Sembrava evidente ma solo a me, a quanto pare. Mi avevano dato del pazzo. «Vedi mostri ovunque» sostenevano. Giornalisti, colleghi, persino qualche amico. Perciò dopo un po' mi era passata la voglia d'indagare. Durante i primi mesi mi sentivo forte di quell'intuizione, motivato dalla certezza che ci fossero dei soggetti molto pericolosi da fermare, in quel parco. Poi la morte di Federico, ma soprattutto lo scetticismo pubblico, mi avevano fiaccato.

E ora mi trovo qui, con questa febbre che è pure il precipitato di un anno difficile. Sa molto di resa dei conti che il mio corpo sta conducendo con malesseri vari, non tutti fisici. Spirituali, oserei dire. Non sono esattamente un fan del collegamento tra sfere, di quelli fissati con il legame tra anima e corpo, i tanti seguaci di discipline orientali che parlano di flussi di energia, onde positive e negative, radiazioni che si trasferiscono tra individui e in grado di condizionare tutto, dalle cartelle cliniche alle giornate di lavoro, all'appuntamento galante, alla riuscita di un dolce. No, per niente. Però che possa verificarsi una risposta da parte dell'organismo provato da brutte notizie, delusioni e senso d'impotenza è possibile. D'altra parte, erano quasi due anni che non mi ammalavo: invece ora sento che mi sto rigenerando. E questo strano quarto d'ora, innescato dalle anticipazioni del tg nel combinato disposto con il gioco a premi che la mia mente provata ha evidentemente distorto, producendo un tuffo tra i pensieri neri dell'ultimo anno, somiglia al canto del cigno della malattia.

Papapaparapà, papapaparapà, papà.

Ecco, inconfondibile, la sigla del Tg1. Nel deliquio non mi sono accorto che *L'eredità* è finita e che sta iniziando il tiggì, con la sua musichetta iconica. Il tema lo ha composto un musicista napoletano, Egidio Storaci, ed è rimasto questo da quando esiste la televisione, più di settant'anni fa. Ha subito giusto qualche nuovo arrangiamento, ma la musica è sempre quella, non potrebbe essere che quella. Mi conforta l'inalterabilità di certe cose, mantengono lo scorrere del tempo in un alveo comune. Questa sigletta un po' solenne ha introdotto notizie storiche: lo sbarco sulla luna, la caduta del muro di Berlino, l'11 settembre e le vittorie ai Mondiali. Insomma, la stessa colonna sonora che ha lanciato tragedie e trionfi, stasera, dopo i fatti di Parigi, sta per parlarmi di una storia a me molto vicina.

Titolo: *Giallo di Caivano, un arresto*.

Mi paralizzo. Il meccanismo della suspense ormai arriva anche nei telegiornali. Prima, nelle anticipazioni, si parlava di sviluppi. Ora, nei titoli, di arresto. Per capire chi è stato arrestato bisogna aspettare la notizia vera e propria.

Per conoscere il colpevole, appuntamento alla prossima puntata. Come in un serial. Ma qui è vita, vita vera.

Mamma torna dalla cucina, dove si era precipitata dopo la fine dell'*Eredità* e la sua personalissima vittoria, per finire di preparare la cena.

«Ho indovinato, ho stravinto» canticchia.

Ritorno nel mio salone. La guardo, ancora intontito. Come al solito sono partito per la tangente, è un'altra delle mie caratteristiche insopportabili. Normalmente per chi mi sta a fianco, ma stasera è a me che suona intollerabile: sto con mia madre a risolvere un quiz tv o immerso nella vicenda di una bambina morta? A volte questa dissociazione mi affatica, mi consuma, mi provoca capogiri. La realtà pensata diventa più rilevante di quella vissuta in diretta.

«E tu, tra le tue nuvole, hai sentito?» chiede mamma.

«Sentito cosa?» ribatto. Non capisco a cosa si riferisca.

«Qual era l'ultima» fa lei, un po' stranita.

«L'ultima che?»

Sono infastidito: concentrato sull'ascolto del tg, ma ancora, per dovere di figlio e di personalità scissa, sempre, in modo irrecuperabile, preso da quanto mi si chiede.

«Vabbè, Angiole'. Tu hai bisogno di riposare ancora. Fammi sentire la fronte» dice mamma, impensierita da quel mio modo brusco, all'improvviso.

«L'ultima che?» ripeto, stavolta perentorio. Ora voglio saperlo. Parlano ancora del Bataclan, ci vorrà qualche minuto prima della notizia.

Mamma ha un'aria preoccupata. Teme d'innervosirmi ulteriormente, perciò non mi contraddice più.

«L'ultima parola» spiega. «Quella del gioco.»

26

L'ultima parola

«Ah, sì, il gioco» mi ridesto.

Il gioco, la ghigliottina. Sta ancora a pensare alla ghigliottina, la mia vecchia. Beata lei. Ma la voglio tranquillizzare, il tono secco che ho usato l'ha spaventata.

«No, non ho sentito» continuo più calmo.

«Me ne sono accorta.» Ora è seduta accanto a me, con la mano sulla mia fronte. «Angelo, tesoro, sei sicuro di star bene?» chiede, in ansia. «Hai l'aria sconvolta.»

La guardo in silenzio. Mancheranno trenta secondi alla notizia e ho bisogno di sentire tutto con precisione. E, nondimeno, non voglio metterla al corrente del mio coinvolgimento in un fatto di cronaca tanto grave. Con Sergio, da sempre, abbiamo deciso di tener fuori parenti, amici e soprattutto mamma dai nostri casi. Si rischia troppo, la terrebbe in angoscia più di quanto una classica madre meridionale non lo sia di natura.

«Sì, ma', sto bene.» Sorrido, ho un assoluto bisogno di liquidarla. «Allora, qual era?»

Sono girato verso di lei, ma sento che la linea torna alla conduttrice. Sta per parlare di Fortuna.

«Era "fare".»

«Fare, ok, perfetto» concordo.

Si è rasserenata. Si alza e va in cucina.

Fare. Fare. Fare. Con l'eco di quel termine tanto rilevante per lei e per gli spettatori dell'*Eredità*, forse anche per il concorrente, chissà se ha vinto, ma anche così generico, praticamente applicabile a tutto – si sono sprecati gli autori, stasera! –, tanto che in inglese è tradotto con quel *to do* che è diventato il prefisso di ogni domanda, anche quelle che non c'entrano con «fare», a scuola giocavamo con una sua maccheronica traduzione in napoletano, sul genere *Do you go to home?* che diventava «Fa' che vuoi andare a casa?», vabbè, così, con in testa la parola più comune della terra, ascolto la notizia che sto aspettando da venti, interminabili minuti.

«Parco Verde, svolta nelle indagini sul giallo della morte della piccola Fortuna» informa la conduttrice del tg. La mezzobusto. Carina, però. «Due arresti.» Ecco. Chi? Sei carina, ma dimmi a chi ti riferisci. «Ce ne parla il nostro inviato.»

Ora ho il cuore in gola. Possibile che io non abbia saputo nulla di quanto stava avvenendo? Certo, negli ultimi tempi ho un po' abbandonato questa storia. Però: basta stare due giorni a letto e si è fuori dal mondo.

«Lui abusava della bambina, mentre la madre della piccola stava a guardare senza impedire le violenze» inizia il servizio. Agghiacciante. Non mi viene neanche da dire «lo sapevo, l'avevo detto». Continua il giornalista:

I carabinieri della compagnia di Casoria hanno dato esecuzione a un'ordinanza di custodia cautelare, emessa dal gip su richiesta della Procura di Napoli Nord, nei

> confronti di Rosaria Landi e Mario Caronte, conviventi da tempo a Caivano, indagati per i reati di violenza sessuale aggravata nei confronti della figlia di tre anni.

Rosaria Landi. Dove ho già sentito questo nome?

> La donna è la madre del piccolo Antonio Giglio, il bimbo che nell'aprile 2013 precipitò dalla finestra della casa dei nonni materni, all'ottavo piano dell'isolato 3 del Parco Verde di Caivano.

Siamo al punto.

> Secondo gli investigatori, l'uomo finito in manette ha costretto la bambina a subire atti sessuali contro la sua volontà in presenza della madre.

Non credo che riuscirò ad arrivare alla fine del servizio con lo stomaco intatto. Mamma, ti prego, non venire di qua adesso. Intanto prosegue, spietato, il cronista:

> La piccola avrebbe più volte avvisato la madre del comportamento dell'uomo non ricevendo, però, alcun aiuto. Le indagini, coordinate dalla pm Claudia Maone assistita da Domenico Airoma, dopo la morte di Federico Bisceglia, titolare del caso deceduto a marzo in un incidente stradale, si sono avvalse dell'utilizzo di microspie e intercettazioni. In molte occasioni, però, gli apparati tecnologici sono stati scoperti e distrutti.

E poi la terribile conferma.

> La storia di violenza è stata scoperta dagli investigatori mentre lavoravano a un'altra inchiesta, quella sulla morte di Fortuna Loffredo, trovata agonizzante sul selciato dell'isolato 3 delle palazzine popolari Iacp del Parco Verde. L'autopsia ha chiarito che la piccola Fortuna ha subito per mesi violenze sessuali.

Ma? Manca qualcosa.

> L'appartamento della Landi è tra l'altro l'ultimo posto in cui è stata vista Fortuna, che era andata a trovare la sua amica del cuore. Nell'appartamento sopra al suo, poco prima della tragica morte.

Era quello che mancava.

> Caronte, accusato di violenza sessuale, finisce in carcere; la Landi ai domiciliari.

E poi il servizio prosegue, descrivendo l'orribile contesto che ospita questa vicenda, con due minori morti, tre abusati, quattro arresti per violenza sessuale in pochi mesi, tra i quali, secondo gli investigatori, «non c'è alcuna relazione». Non c'è alcuna relazione, sì, certo, come no. Come non c'era alcun abuso, come non c'era niente di strano nella scarpa mancante, come se tutti fossero estranei e innocenti, come se quei due bimbi – mio Dio – fossero davvero caduti da soli. Tutti fatti che a me sono subito sembrati evidenti. A volte non c'è bisogno di prove, ma di un minimo di buon senso. Però una cosa è avere la certezza, un'altra è dimostrarla: lo scarto tra l'evidenza e la ricostruzione processuale è spesso sconfinato. A me, invece, piacerebbe ogni tanto far valere il metodo Pasolini: io so, e non ho bisogno di prove.

Devo chiamare qualcuno. Devo sentire Sergio. Il telefono ormai sarà abbastanza carico, lo chiamo. Mio fratello sa già tutto.

«Che facciamo?» chiedo.

«Qua ci vuole una dichiarazione. Forte. Devi pensarci tu» asserisce lui.

«Ma hai sentito? Affermano che non c'è relazione» obietto.

«Proprio per questo devi calibrarla bene» replica. E chiude.

Poso il telefono. Mi metto al computer. Qualche minuto e scrivo.

> Fin dal primo momento dal mio studio ci siamo attivati per contribuire al lavoro degli investigatori che stanno portando alla luce gravissime situazioni di cui era vittima anche la piccola Fortuna, facendo emergere l'ignobile giro di degrado e pedofilia nel parco della vergogna di Caivano.

Rifletto, voglio essere sferzante.

> Alla luce di questo ennesimo episodio, devono essere assunte dalle istituzioni misure adeguate a protezione dei minori per fermare lo scempio...

Nel giro di una ventina di minuti ho qualcosa di abbastanza decente tra le mani. Scrivere mi serve, mi sento già meglio. Invio alle agenzie, mentre mamma fa capolino nello studio.

«Vieni? Si fredda.»

Va bene, un po' mi sono placato.

A tavola, per ripristinare un'atmosfera lieta, torno a parlare con mamma delle sue prodezze alla ghigliottina.

«E dai, ora raccontami come ci sei arrivata, a indovinare» la invito.

«E com'è? Prima non ne volevi sapere nulla ed eri come evaporato e mo' invece vuoi conoscere i miei trucchi?» ribatte, provocatoria.

«E *ja'*, scusa. Lo sai come sono fatto.»

«Sì, lo so.» E assume un'aria compiaciuta. «Allora, le parole erano "Cenerentola", "corsa", "morire", "bambino".»

«Già» osservo. «E la parola che le unisce è "scarpa". Su "Cenerentola", "corsa" e "bambino" mi trovo. Ma "morire" che c'azzecca?»

«Morire con le scarpe. Si dice di una morte violenta, per omicidio o per incidente. Vuol dire che non sei morto nel tuo letto dove, evidentemente, qualcuno te le avrebbe levate.»

Arguta e colta, la mia mamma.

«Brava» la lodo sorridendo. Poi mi viene un dubbio: «E l'ultima?».

«Fare.»

«Ah, sì. Non è un po' generica? Come si combina con "scarpa"?»

«Fare le scarpe, Angelo» mi fulmina lei prontissima e quasi delusa dalla mia scarsa padronanza dei modi di dire. «Ingannare subdolamente. Manovrare contro qualcuno fingendosi amico. Magari per mettersi al suo posto.»

27
Aprile (2016)

Aprile ha due facce: una luminosa, l'altra opaca. Tutto diventa di colpo abbacinante. Un bagliore può accecare. La natura è in fiore, vero, ma i sensi impazziscono. Il polline danza copioso nell'aria, gli allergici sfidano il record del mondo di starnuto. E poi il clima non è così benigno. Se da un lato ci porta davvero dentro la primavera, dopo il giro di boa ufficiale di marzo, dall'altro ha ancora addosso il canto del cigno dell'inverno. L'ultima recrudescenza, si diceva una volta. Che può essere feroce, infatti il detto «Aprile fece morire la madre per il freddo» non mente. Da questo adagio Grazia Deledda tirò fuori una novella, La leggenda di Aprile, *che condensa in poche pagine tutti i mali di stagione: lo stordimento dei sensi, la fame d'amore, la morbosità, la gelosia. E infine la tragedia.*

Lo stile musicale della scrittrice sarda porta il lettore dentro una fiaba nera. La Deledda umanizza il mese, immaginandolo come un giovanotto bello e perfido.

«Dei figli dell'Anno, Aprile era il più bello, alto, già, e nervosamente robusto, sebbene ancora in crescenza, come gli snelli abeti giovani delle radure del bosco.»

Adorato dalla madre che viveva per lui, l'adolescente Aprile di colpo, da bonaccione, diventa di umore nero. Il padre, l'Anno, un po' filosofo, sostiene che il suo è un male di stagione: il mal d'amore. Arriva intanto un gran caldo, che rende il giovane sempre più nervoso e inerte. La madre ne soffre molto.

«In questa stagione tutte le creature hanno bisogno d'amore. È tempo di cercare una sposa per il nostro Aprile» propone l'Anno.

E quindi i due genitori premurosi si mettono a cercarne una. Invano: secondo la madre, nessuna è adatta per il figliolo; è «gelosa della donna che gli avrebbe portato via il figlio. Tuttavia Aprile era innamorato: crudamente, mortalmente innamorato. Di tutte e di nessuna». Il sangue gli urla nelle vene, per il desiderio e l'orrore del peccato. Aprile è caduto nell'abisso dell'amore carnale.

«Turbolenze della sua età» afferma il padre. E gli viene l'idea di assoldare come serva di casa una bella ragazzina, per placare il male del figlio. La moglie non vorrebbe: in fondo al cuore preferisce Aprile irrequieto ma suo, piuttosto che sedotto da una servetta qualsiasi. Però il marito la rassicura: porterà in casa una fanciulla di buona stirpe. Lei si convince.

Si chiama Guendalina ed è figlia del boscaiolo. Giovane e innocente, tanto da piacere subito alla gelosissima madre.

«Accadde però come quando si era tentato di dare una compagna al corvo addomesticato che tenevano in casa: invece di accogliere con amore la femmina, l'uccellaccio l'aveva uccisa a beccate.»

Aprile, capito il tranello tessuto dai suoi, prende in odio la ragazza. Pensa persino di ucciderla, ma decide che scap-

pando la sua vendetta sarà più sottile. Cammina fino a una montagna in uno scenario che, se da un lato vuole essere festoso, ai suoi occhi turbati appare sinistro: tutta la natura in fiore, dedita a orge sfrenate di amore e lussuria.

«Il mondo sembrava un giardino, ma egli vi si sentiva escluso come Adamo dal paradiso terrestre.»

Un dolore infinito lo avvolge: il dolore della sua impotenza ad amare, mentre l'amore ride e vibra anche in cima alle foglie secche delle felci vecchie. Aprile desidera profondamente la morte.

«Ma che anche gli altri soffrano con me: soprattutto mia madre» risolve.

A un certo punto è sorpreso da un temporale, uno di quelli improvvisi e terribili della stagione.

«Il freddo incrinò l'incanto della primavera: e il lamento delle cose, giù dall'acqua del fiume fino ai cespugli che coronavano le rovine, parve il pianto per la morte di Aprile.»

La madre, non vedendolo tornare a casa, va a cercarlo. L'istinto la porta sulla traccia giusta. Intanto il gelo si è impadronito di ogni cosa circostante. Ma il suo dolore è più forte di ogni bufera. Giunge finalmente allo spalto dove Aprile, già freddo, bianco e duro come una statua, sta agonizzando. La madre si strappa le vesti per coprirlo, tenta di scaldarlo con il suo alito, lo prende in grembo come il Cristo deposto: non piange, non parla. I venti urlano per lei, e all'alba, quando tutto si placa, le cornacchie curiose, dall'orlo delle buche, allungano il collo per guardare il gruppo della madre e del figlio morti assieme.

28
Mastica e sputa

Ogni fine aprile, da trent'anni circa, consumo un piccolo rito. Un gelato. Un gelato non è un rito, d'accordo, ma lo prendo, ogni fine di aprile, da circa trent'anni, con la stessa persona: Violetta. Una donna adorabile, molto precisa e fissata con le tradizioni che, nell'aprile dell'84, ebbe l'onere di essere la mia prima fidanzata.

Lo gustiamo sempre sotto lo stesso albero, in via Luigia Sanfelice. Una strada del Vomero un po' nascosta e molto panoramica. L'albero chiude il passaggio pedonale delimitato dall'altro lato da un muro basso, un parapetto che dà su via Toma. Lo stesso scenario che trent'anni prima, al termine di quello che poteva essere un ghiacciolo o un Cucciolone, ci vide allacciati in un infantile, tenerissimo primo bacio. Con la conclusione più fiabesca: «Giurami che qualsiasi cosa ci succeda torneremo a mangiarci un gelato qui, ogni aprile della nostra vita». Potevo non giurare subito, innamorato com'ero? Lei è il tipo di donna che alle promesse ci tiene e io sono uno che quando una donna parla si mette in riga. Sudditanza atavica verso il gentil sesso.

Qualche tempo fa mi accorsi che quell'albero volevano abbatterlo. Colpa del punteruolo rosso o di qualche insetto parassitario del genere. Ebbene, a qualcuno parrà incredibile, ma ho lottato a lungo contro l'abbattimento di quella pianta: era il «nostro» albero e non poteva scomparire così. Prima con una protesta formale presso la municipalità, poi con l'inserimento di un potentissimo antiparassitario che mi feci spedire dal Brasile, tutto a mie spese. Oh, l'albero si è salvato. Ci sono riuscito. Violetta ne è stata felicissima.

Chiaramente la nostra cerimonia è, già a partire dal secondo anno di celebrazione, puramente platonica. Ci diamo appuntamento, uno dei due porta il gelato, stiamo una mezz'ora là e ci salutiamo. Ricordiamo, ridiamo molto, ci raccontiamo gli sviluppi delle nostre vite. Lei ora è sposata e madre di tre figli. Lavora alla direzione delle Poste, è una in gamba. Somiglia molto alla ragazza che è stata, con qualche ruga in più che le dà molto fascino.

All'inizio c'è stata qualche tentazione filologica (stessi vestiti, stesso orario, stessi gusti del gelato), poi abbiamo dovuto cedere ai tempi. Un po' per i girovita in aumento, soprattutto il mio, un po' perché è bello aggiornarsi. Per esempio, sul tipo di gelato: negli anni ci siamo raffinati. Se prima potevano bastare un Camillino per me e un Fior di Fragola per lei, roba da mille lire in tutto, oggi vogliamo sorprendere l'altro con una ricerca sulle eccellenze dolciarie che scatta in prossimità della data concordata. Una volta finii da Gallo a Ponticelli pur di stupirla.

Stasera mi sono presentato con una torta gelato vaniglia e caffè, lei porta lo spumante. Ho ancora qualche speranza di essere il primo, in fondo avrò solo un quarto d'ora di ritardo. Lei è svizzera, però: e infatti eccola che già mi guarda con viso scherzosamente accigliato.

«Avvocato, stavo per aprire la bottiglia e brindare da sola.»

«Viole', scusami. Lo studio...» mi giustifico.

«Sì, sì. Lo so che sei una persona importante, non ti preoccupare.»

«Come no. Una celebrità» rispondo.

«Per me lo sei davvero, da sempre» fa lei con sguardo di colpo intenso.

Penso che questa vecchia ragazza non smetterà mai di piacermi. Probabilmente perché è la prima di cui ho conosciuto il sapore delle labbra, la prima che mi ha aperto il cuore costringendomi a una veglia totale, in quella lontana sera di primavera di trentadue anni fa. Certe persone restano l'immagine della felicità, anche se come te crescono e diventano altro.

Sento che in tasca mi vibra il telefonino. Un'altra regola severissima, imposta da Violetta, è di non parlare al cellulare per la durata del nostro incontro. Vorrebbe addirittura che lo spegnessi. Io, sempre poco diligente, cerco di rispettare il diktat fino a un certo punto, limitandomi ad azzerare la suoneria. Quando si accende lo ignoro, quindi. Lascio che sfiati tutta la sua «vibrante protesta», come dice De André nella *Domenica delle salme*. Io lo amo proprio, Faber. Negli ultimi tempi ascolto spesso il suo ultimo album, *Anime salve*. Le canzoni mi piacciono quasi tutte, e dire che un artista come lui a fine carriera avrebbe dovuto perdere ispirazione. Macché, sono tutte meravigliose, da *Khorakhané (A forza di essere vento)* a *Smisurata preghiera*, che quando dice «per chi viaggia in direzione ostinata e contraria, col suo marchio speciale di speciale disperazione...» mi viene da piangere, dalle strofe in vernacolo di *'Â cúmba* a *Dolcenera*, che alterna il dialetto ligure a una storia di amanti notturni, fino a *Ho visto Nina volare*. Un'altra vicenda di amore tormentato in un piccolo borgo, un ragazzo che non può rivelare al padre i sentimenti per la piccola Nina. «Mastica e sputa», il refrain. I piccoli centri di tutta Italia, le nostre strane Twin Peaks, disseminate ovunque, in questo curioso, bellissimo, feroce Paese in cui siamo nati. Mastica e sputa.

«Allora, che è successo in quest'anno?» chiede, facendomi riemergere dalle divagazioni canore.

Per 364 giorni siamo come estranei. Dato che, parole sue, ci siamo conosciuti in era tecnologicamente preistorica, non siamo amici su Facebook né su altri social network. Fino a qualche anno fa non avevamo neanche il numero di cellulare dell'altro, ci sentivamo sul fisso. Poi anche questa regola ha conosciuto l'eccezione.

«Niente di eclatante» faccio io.

I primi anni tentavamo di non parlare né di lavoro né di figli. Ma poi la mia vita è diventata tutt'uno con il primo, la sua con i secondi.

«Sì, certo. Ieri sarai stato in mezzo a una sparatoria, stamattina avrai scoperto l'assassino di Kennedy.»

Mi sfotte, Violetta. Prende in giro la mia esistenza incasinata.

«Bah. Volevo ricandidarmi a Scampia, ma sento che non è aria» comincio.

Sono i giorni di fine mandato come presidente di municipalità. Giorni di decisioni, di telefonate e riunioni.

«Comunque» aggiungo, «niente d'interessante. Ah, sto scrivendo un libro, esce tra poco.»

«E questo me lo chiami poco interessante? Racconta.»

Mentre le descrivo la storia, basata proprio sui miei cinque anni a Scampia, il telefono riprende a squillare silenzioso nella tasca. Che tortura, penso, non si può stare in pace neanche venti minuti. Perciò continuo a ignorarlo.

«E tu?» le chiedo.

Lei sorride. In quel lieve innalzarsi di labbra sta spiegando tutto. Sta spiegando, per esempio, che la sua vita è molto ordinaria. Serena, sicuro, però piuttosto monocorde, soprattutto, sembra dire con la mimica, se paragonata alla mia.

«Ma no» risponde, «continuiamo a parlare di te. Oggi tutto Angelo. Ti ho visto in tivvù: ho saputo che hai seguito il caso di quella povera bimba...»

La povera bimba. Da quant'è che non ci pensavo più? Saranno mesi, eppure la sua ombra non mi ha mai abbandonato.

«Storia orribile» taglio corto.

Mi rabbuio, voltando lo sguardo al di là del muretto. Mi affaccio, saranno tre metri, ma ho un'altra volta le vertigini. Da quando, ormai due anni fa, ho provato a osservare il salto da cui è precipitata Fortuna, questa strana fobia non mi abbandona. Mi sento molto turbato. Lei coglie istantaneamente: «Perdonami, non volevo suscitarti cattivi pensieri. Ti ho ammirato molto».

Torno a guardarla. Lei è appoggiata al nostro albero, ancora con il piattino del dolce in mano.

«La verità è che per risolvere queste vicende, che a noi sembrano tanto evidenti, ci vogliono tempi geologici. Prove, esami su esami, mentre per me bisognerebbe muoversi, sennò i colpevoli, sentendo l'impunità, si moltiplicano» esclamo, quasi iniziando a comiziare.

«E questo ti fa star male» osserva lei, mentre assume un'aria consolatoria. Mi conosce. È bello quando qualcuno ti conosce. Mi dà una carezza leggera sulla guancia. «Non dispiacerti, hai fatto quello che potevi.»

«Già» replico quasi senza accorgermi del suo gesto e delle sue parole. «Esiste uno scarto totale, Violetta, tra la verità dei fatti e quella processuale. Ma così la giustizia sarà sempre in ritardo e parziale.» L'atmosfera si è appesantita. Bisogna sterzare sul leggero: «Vabbè, non pensiamo ai guai. Ti è piaciuto il gelato?».

«Moltissimo. Mi costerà un chilo, ma io bisso» dichiara lei, agguantando la vaschetta e appoggiandola sul muretto, a tiro di cucchiaino.

Ancora quel dannato smartphone. Vibra tanto che mi fa quasi male. Che insistenza, ma chi è?

«Senti, guardo solo un attimo il telefono che mi sta torturando» la informo con aria di scuse.

«Fai, fai» risponde masticando. «Così mi godo in pace 'sta delizia.»

«Ma no» sospiro, per mostrarle quanto ci tengo alla sua regola, «solo un'occhiata per capire chi...»

Il gelo. La maestra. Non la sentivo da quasi due anni. Violetta mi osserva e intuisce che qualcosa non va.

«Angelo, tutto bene?»

Mi giro verso di lei, attonito. Indico con il dito lo schermo.

«Incredibile, mi sta chiamando una tizia che c'entra con il fatto di Fortuna.» Sono stupito. «Erano mesi che nessuno mi chiamava, a proposito di questa storia. E noi ne abbiamo appena parlato.»

«Sembra che l'abbiamo evocata» osserva lei.

«Già» replico turbato.

«E allora rispondi, non ti preoccupare» m'invita con apprensione.

«Forse è una cosa da nulla» ragiono, cercando di tranquillizzare lei e me.

«Lo saprai solo se rispondi.»

Quando lo faccio sono ancora sorridente. Prendo la mano di Violetta, tanto per farle capire che durerà un attimo. Poi la mollo. Poi la stringo di nuovo, molto forte. Lei ricambia, il cucchiaio sospeso in aria. La guardo. Mi chiede cosa è stato scrollando il capo. Le accenno che la cosa è grave. Mollo la presa. Mi stacco. Ci vediamo l'anno prossimo, vecchio amore mio, le dico dentro, allontanandomi. Ora devo andare.

La notizia che aspettavo da quasi due anni è arrivata. Devo andare perché oggi, 29 aprile 2016, hanno arrestato Mario Caronte con l'accusa di essere l'assassino di Fortuna.

29
Lo sapevo

Lo sapevo, lo sapevo. E quanto odio dire «lo sapevo», penso mentre guido verso il Parco. Stavolta sono in auto, a fine aprile può fare fresco, ed è sera. Attraverso di nuovo la periferia napoletana e man mano che mi allontano dal centro tutto si fa più cupo e inquietante. Perfetto per i mostri. Sì, i mostri, chissà quanti mostri si annidano anche lì, in quel palazzone fatiscente che spunta praticamente sull'autostrada, negli strani assi di raccordo che dalla tangenziale portano nei paesi. O magari qua, in questo condominio in mezzo al nulla, dietro una fabbrica probabilmente abbandonata, che sonnecchia punteggiato dalle luci malate delle tivvù. Che cazzo ci restate, a casa, in una sera così dolce. La malattia si nutre proprio di brutture consumate quotidianamente, di chiusure al bello della vita. Fuori c'è la primavera e invece niente: torno a casa, mi stravacco, guardo due cazzate in televisione e magari mi ubriaco con un vino da tre soldi, maltrattando quella poveretta che ha avuto la sventura di sposarmi. Se protesta, la meno.

«Lo sapevo» io ti odio. «Lo sapevo» è la sconfitta dello sguardo lungo. È la ragione postuma, è il senno di poi miserabile, quello che scontenta chi era nel torto e chi era nel giusto, come me che, ora che ho la conferma, non mi sento per niente gratificato. Anzi, mi detesto mentre dico «lo sapevo». Mi detesto perché ora mi pare di non aver fatto molto, se non gridare ai quattro venti che un giorno avrei detto «lo sapevo». Un buon senso da accattoni che scatta sempre dopo, solo dopo. Vorrei non avere avuto ragione e rotolarmi nell'ignoranza, come un maiale stupido, come queste bestie che illumino con i fari – sono capre? –, poverette, pascolano ai margini dei terreni malati e radioattivi di cui è piena la mia terra, che adesso io attraverso sentendomi un ballerino furioso sull'orlo di un baratro. Doveva essere bellissima un tempo, la mia terra: campagna e casali. Ora è il regno del male.

Lo sapevo, Gesù, c'era da scommetterci. Non su questo tizio, come si chiama, Caronte, ora la sua colpa è tutta da dimostrare, ma che la bimba fosse stata ammazzata lo sto urlando da due anni. Una creatura di sei anni, in gamba, nota per l'agilità e la prudenza, non cade da un parapetto che è alto più di lei e che non ha appoggi per essere scavalcato. Capito? Volevano farci credere a una storia del genere. La storia della bimba volante: precipitata per sbaglio, mentre sta cadendo ha persino il tempo di afferrarsi la scarpa destra per tentare chissà cosa, sfilarsela e poi lanciarla in una delle finestre del Parco. A proposito, ci sono quasi, in questo parco maledetto. È la prima volta che ci entro di sera e, se è possibile, è pure peggio. Il buio cancella l'evidenza degli orrori estetici, ma lo fa somigliare a un lager a cielo aperto, in cui la luce dei lampioni illumina fiocamente uno scenario livido dove sparuti gruppi di motorini escono a cento orari e un paio di tizi stanno ai piedi delle strutture. Kapò di un concentramento di anime perdute.

Lo sapevo, mannaggia. Parcheggio, mi guardano, me ne fotto. Stasera me ne fotto di tutto. Lo sapevo e ho cercato di dirlo a chiunque, ma non è bastato. E ora che sta uscendo fuori la verità, non me ne faccio niente. Chissà quanti, nel frattempo, hanno continuato a sbrigare i loro affari sordidi, chissà quanti altri bambini stuprati e massacrati, mentre la verità ufficiale, quella da sostenere in via precauzionale, era che Fortuna era caduta da sola. Chiamatemi fascista, ma io non lo sopporto più. Non sopporto l'innocenza fino a prova contraria, ecco, l'ho detto, e non sopporto la tutela esagerata del terzo su cui è fondata la macchina della giustizia. E, di nuovo, non mi riferisco a 'sto bastardo di Caronte, che è un animale. Non lo so se è lui, tanto da stasera e per chissà quanto è lui. È lui il mostro. Ma avallare un clima di violenza per ossequiare la correttezza formale, per omaggiare l'istituto altissimo del diritto alla difesa, peraltro sacrosanto ma, in casi del genere, oddio – ci vogliono fermezza e rapidità, risposte veloci e dure –, stasera è un crimine contro l'innocenza.

Prendo l'ascensore, una scatoletta di sardine, mentre sgocciolano gli ultimi «lo sapevo». Perché io lo sapevo, ma devo finirla di saperlo. Lo sapevo da subito che non era così semplice come volevano farci intendere. Adesso però so un'altra cosa: che non è un caso. Non si tratta di fatti isolati. Qua esiste una rete. Un palazzo dove in tre piani su otto si consumano schifezze non è una combinazione fortuita. L'unica forza che adesso mi darà il mio «lo sapevo», l'unico vantaggio, sarà che da ora in poi le cose che so voglio che le sappiano anche gli altri. Da domani andrò in giro alzando ancora di più la voce. Perché non voglio, dopodomani, recitare un altro «lo sapevo».

Mi apre Mimma. Non la vedevo da un po'. Invecchiata di mezzo secolo, tetra in volto, una donna su cui si è abbattuto l'uragano.

«Buonasera, Domenica.»

(*Dire qualcosa mentre si è rapiti dall'uragano*)

«Salve, avvocato.» La sua voce è un filo.

(Com'era, quel brano dei Massimo Volume?)

«Sono venuto per...» provo a dire.

(*Ecco l'unico fatto che possa compensarmi*)

«Si accomodi.»

Ah, ecco.

(*di non essere io l'uragano*)

«Come è successo?» chiedo.

«Ora papà le spiega» risponde lei. «Io non ce la faccio.»

30
La distruzione

«Prego, avvocato.»

L'uomo che mi ha parlato è affacciato alla finestra. Vincenzo, il padre di Mimma, il nonno di Fortuna, l'uomo su cui sembra reggersi l'ultimo brandello di unità familiare dopo l'uragano. Sua moglie traffica in cucina, dopo avermi salutato in silenzio. Lui continua a stare di spalle, come se stesse raccogliendo i pensieri. Si gira.

«Allora» esordisce.

In certi casi tocca agli uomini. Qualcuno afferma che non ce ne sono più, e invece, davanti a me, ho la smentita del luogo comune. Ci sediamo. Mi versa un whisky, senza neanche chiedermi se lo voglio. Di solito non bevo superalcolici, figuriamoci al lavoro. Stasera lo butto giù senza pensarci. Lo fisso. Comincia a raccontare.

«Dopo il primo arresto di Caronte per violenza sessuale sulla figlia di tre anni, a novembre 2015, e i domiciliari per Rosaria, le bambine che stavano in casa con... questi» dice, alzando il dito in direzione dell'appartamento di sopra, «sono state affidate a un posto, come si chiama...»

«Una casa famiglia» fa Mimma, gelida.

«Ecco, sì, una casa famiglia. Sono state là con gli psicologi. Ce n'era una brava, la dottoressa Carofalo.»

Inizio a capire.

«Immagino che la psicologa abbia chiesto alle bambine qualche notizia» rifletto.

«Sì.»

Vincenzo butta giù un altro sorso. Nella casa l'atmosfera si fa ancora più pesante. Mimma irrompe nella discussione. Urla: «Avvoca', qua tutti sapevano e nessuno ha detto niente!».

Una furia, ora.

Assumo un'aria interrogativa. Vincenzo la coglie, prende un foglietto e me lo porge.

«Gli adulti ostacolavano le indagini. Sono stati i più piccoli a consentire la svolta...»

È uno stralcio dei capi d'accusa del pubblico ministero.

Gli adulti tacciono, i bambini parlano. I bambini costruiscono quando gli adulti fanno a pezzi...

«Basta! Fate schifo!» si sente all'improvviso dalle scale.

«Che succede?» chiedo, alzandomi di scatto. Fuori si sente il rumore di passi, molti passi.

Anche Vincenzo si solleva di colpo dalla sedia. Andiamo verso la porta. Mimma e la madre si tengono dietro di noi. Apriamo. Una folla inferocita. Hanno in mano delle mazze, dei martelli, e bottiglie con dentro un liquido.

Vincenzo fa la voce grossa.

«Dove andate, che volete?» chiede alla folla. Un tizio si ferma davanti all'abitazione dei Guardato.

«Dovreste ringraziarci» annuncia.

«E perché?» domanda Vincenzo.

Una tizia grassoccia s'intrufola.

«Stiamo andando ad *appicciarle* il culo, a quella bastarda!» fa la gentildonna. «E voi dovete venire con noi!»

Dietro, la folla si è fermata e le dà manforte. In un secondo si scatena il panico: urla, spinte, minacce. Saranno una trentina. Cerco di placare gli animi, mettendomi in mezzo.

«Calmatevi, vi prego» chiedo ad alta voce. «Che pensate di fare?»

Un vecchietto si fa avanti. «E chi siete voi? Non vi ho mai visto qua.»

«Il nostro avvocato» risponde Vincenzo.

«Bell'avvocato» irride la grassoccia girandosi verso la folla. «I giudici, la giustizia. Non sono buoni a niente, la giustizia del cazzo!»

Potrei controbattere, ma spiegarle la differenza tra avvocati, giudici e iter processuali mi pare fuori luogo, oltre che fiato sprecato.

Intanto noto, dietro le prime file, dei ragazzi che scrivono frasi oscene sul muro e altri che battono le mazze contro il vetro delle scale, fracassandolo. Al volo, mi pare di capire che non c'entrano molto con questa protesta. Sono saliti per fare casino. Interviene Mimma.

«Ma come vi permettete di parlare così? Se non era per gli avvocati qua non succedeva niente» strepita. Altre grida, le scale rimbombano del tumulto. «Ora fate tanto i grossi, ma prima? Prima, dove eravate?» continua Mimma.

Di colpo il silenzio. Li ha gelati. Mimma, galvanizzata, sta per uscire e affrontare la folla. Vincenzo la placca. Lei, protetta dal padre, prosegue l'accusa: «Ditemelo! Dovete dirmelo! Per due anni tutti in silenzio. Ora volete bruciargli casa, quando dovevate pensarci prima, ma non a comportarvi da bestie, a parlare! Fate più schifo di loro!».

Riprende il caos: qualcuno muove verso di noi, si rischia di degenerare. La folla è imbestialita, faccio entrare padre e figlia in casa.

«Andatevene, sto per chiamare la polizia» avverto, e chiudo la porta.

Sentiamo dei colpi sull'uscio.

«Ora la chiamo davvero» sentenzio, componendo il 112.

Mimma piange sul divano mentre i genitori cercano di calmarla.

«Sono tutti delle merde» dice.

I colpi smettono. Stanno salendo al piano di sopra. Che situazione. I rumori continuano per un quarto d'ora. Fortunatamente nel giro di poco sentiamo le sirene. Poi una corsa all'impazzata verso il basso: è la folla che si ritira.

Quando sembra tornata la calma, mi affaccio. Salgo al piano incriminato: un gruppo di poliziotti presidia la casa della Landi mentre dei carabinieri stanno ammanettando alcune persone. Torno giù, mi tengo fuori da casa Guardato.

Strano, io avevo chiamato solo la polizia. Fermo un carabiniere.

«Scusi...» comincio.

«Lei chi è?» fa lui, sbrigativo.

«L'avvocato Pisani.» Il suo volto si distende. «Sono stato io a chiamarvi. Anzi no, a chiamare la po... le forze dell'ordine» mi correggo, ricordando una leggendaria quanto infondata rivalità tra i due corpi. È una sciocchezza da filmetti anni Settanta, ma in quel momento non ragiono molto.

«Bene» commenta.

«E...?» provo a chiedere.

«Vuole sapere perché ci siamo anche noi.» Mi ha capito al volo. Non ho manco il tempo di fare considerazioni interne e stupide sulla famosa poca intuitività dei carabinieri, qui sconfessata, che lui riprende: «Siamo venuti ad arrestare due persone».

Sta per andarsene.

«Di cosa sono accusate? Se posso» chiedo, timido.

«Depistaggio di indagini.»

Mi saluta e va via. Almeno il congedo è stato classico: mano sul berretto, chiusura di tacchi.

31

Avvocato!

Mo' me ne devo andare. Arriva sempre il momento in cui uno prende e dice: «Mo' me ne devo andare». Mi devo levare da questa situazione, per stasera ne ho avuto abbastanza. Ma come si può: me ne stavo tutto beato insieme alla mia adorata Violetta in una bella strada del Vomero, in mezzo all'odore dei glicini in fiore, con gli ultimi raggi di sole che adesso tramonta tardi, un bel dolce e uno spumante doc, a conversare con una donna elegante e acuta, e poi, di colpo, la telecamera si sposta avanti di un'ora e che riprende? Lo stesso tizio di prima, quello che pasteggiava a torta e champagne affacciato sul più bel panorama di Napoli, tra chiacchiere amene e dolci ricordi, precipitato in un incubo. Un caseggiato nel nulla della periferia più degradata, buio, sporco, e per di più a rischiare la pelle in mezzo a un tumulto di lazzari? Eh no. Mo', *oi'*, me ne devo andare.

Saluto i Guardato, prendo l'ascensore per sardine, al diavolo le paure, m'infilerei anche in una bara pur di andarmene, e sono in strada. Via, veloce. Sono arrivato quasi all'auto, pregustando il meritato rientro a casa, quando, dal buio, sento una voce.

«Avvocato Pisani!»

E ora chi è? Un tizio ossuto, vestito in tuta, si sta avvicinando.

Oddio, penso. Sarà un altro dei rivoltosi. Sarà qualcuno che mi vuole fare male, o quantomeno rompere le palle. Sarà un pazzo che mi vuole dare una soffiata assurda, sarà uno che mi vuole vendere la droga, sarà qualcuno che mi ha visto in televisione e ne vuole approfittare, un ladruncolo che vuole dei soldi, ce li ho?, e questi se non li trovano sono capaci di tutto, mannaggia, mentre me ne sto andando tanto bello a casa. Ma io non mi fermo, fingo di non aver sentito.

«Avvocato, scusate.»

Ormai mi è addosso, non posso non voltarmi. Assumo un'aria infastidita.

«Sono Giglio» puntualizza la figura.

Gennaro.

«Ah, Gennaro. Meno male. Che paura, scusa.» Mi viene naturale dargli del tu. Poi spiego: «Prima, guarda, c'è stato un casino dai Guardato ed ero un po' in apprensione».

«Sì, lo so. Io non c'ero. Qualcuno mi ha chiesto di salire, mi sono rifiutato. Queste violenze non mi piacciono.»

Il buon Gennaro, spaventato da tutto. Come non capirlo.

«Però ho saputo che vi trovavate sopra e ho voluto aspettarvi» continua, producendosi nell'ormai celebre fremito nasale.

Sono stanco, ucciso, ma a Gennaro non riesco a dire di no.

«Dai, spiegami che volevi dirmi» gli chiedo.

Lui mi guarda dritto. Abbassa le palpebre più volte, gonfia e sgonfia le narici.

«Mi sono deciso, avvocato» fa. «Adesso che Caronte sta dentro non ho più paura: voglio denunciarli. Antonio. Sono stati loro.»

Antonio. Già. Il piccolo Antonio volato prima che tutto accadesse. Di questa storia è il vero capro espiatorio. Fortuna, con sforzi e acrobazie, stiamo cercando di riscattarla, ma Antonio? A lui chi ci pensa?

«Dobbiamo rifletterci bene, Gennaro» replico. «Da poco ho saputo e mi sono precipitato.»

«Ma se la piccola è stata uccisa...»

«Non è così semplice. Certo, ora che sono scattate le indagini su Fortuna può essere riaperto pure il caso di Antonio» ragiono.

«Aiutatemi, avvocato.» Ha un'aria supplicante. «Non mi do pace.»

Ci penso su, poi gli stringo un braccio. «Ho bisogno di prove, di pezze d'appoggio su cui montare un po' di rumore, anche per la stampa e l'opinione pubblica.» Sta quasi per piangere. «Ti assicuro che ci metterò tutto il mio impegno.»

Ci salutiamo.

Mentre si allontana sento che sale di nuovo il magone che speravo di aver abbandonato fuggendo da quel posto. Vabbè, adesso devo proprio andare. Apro la portiera dell'auto e pregusto un po' di jazz, che calma i pensieri e induce a riflettere meglio.

«Avvoca'!»

No. Non può essere. E ora chi è? Se prima mi è andata bene, adesso sarà difficile cavarsela. Il Parco Verde ti dà al massimo una chance.

«Avvoca'.»

La voce si è fatta figura: un giovanottone che mi viene incontro, in affanno. È enorme e il suo tono di voce è poco rassicurante. Ora le prendo.

«S-sì?» proferisco, balbettando.

«Ma come, non mi riconoscete?» fa lui.

Lo osservo. In effetti ha qualcosa di noto, un tratto già visto. Ma siamo quasi al buio e non riesco a ricordare.

«Sono Pietro, avvoca'. Il babbo di Fortuna.»

Grazie, Signore. Mi è andata bene anche stavolta. Ma, un attimo: Pietro non stava dentro?

«Ah, Pietro. E tu che ci...» provo a chiedere.

«Mi hanno rilasciato il mese scorso, avvoca'.»

Uau. Ecco perché non lo riconoscevo. Non ha più la barba ed è visibilmente ingrassato. Sto quasi per domandare dove vive e cosa fa, ma lui mi si scaraventa addosso e mi abbraccia.

«Grazie, avvoca'. Siete stato uomo. Avete mantenuto la parola» afferma, stringendomi.

Mi sento un po' in imbarazzo, ma accetto l'abbraccio.

«Non ho fatto niente...»

«Come niente? Se non era per voi, quelli se ne stavano tranquilli a commettere altre schifezze!» Resto zitto. Più che confuso dai complimenti, ammutolito dalla sua presa. In parlatorio non mi ero reso conto di quanto è grosso, sarà un metro e novanta per cento chili. «Ora però non dovete mollare» continua. «Devo sapere tutto di questa storia. Capito?»

«Certo, certo. Te lo assicuro.» E così le assicurazioni passano a due. «Facciamo così: prenditi il numero e ci sentiamo in questi giorni. Ora sono un po' stanco e devo sbrigare altro lavoro in ufficio.»

«Benissimo, avvoca'. A presto. E grazie, grazie ancora.»

Se ne va anche lui.

Penso al suo «grazie». Come se valesse davvero qualcosa, quello che ho fatto. Nessuno riporterà in vita i due bambini, amici miei. Però quella riconoscenza mi ha rinfrancato. Ora sì che posso andarmene. Ho Miles Davis e la sua tromba che mi aspettano. Ah, che bello...

«Avvocato Angelo Pisani!»

Non può essere. È uno scherzo, una candid camera, un programma tv di pessimo gusto. No, non può essere vero che c'è ancora qualcuno che mi vuole, stasera. Stavolta è una voce di donna. Mi giro, occhi al cielo rassegnati.

«Avvocato Pisani?» chiede la tipa.

E chi, sennò? Mi viene in mente il celeberrimo «Il dottor Livingstone, suppongo» con cui se ne uscì il tizio che, nel cuore della Tanzania, si era ritrovato davanti il leggendario esploratore inglese disperso da decenni.

«Sì, signora.» Ho l'aria più afflitta della terra, ma simulo cordialità. «In cosa posso rendermi utile?» Il ricordo della contegnosa battuta *british* deve avermi contagiato.

«Avvocato, ho delle rivelazioni da fare» mi spiega.

La osservo. Sulla quarantina, vestita alla bell'e meglio.

«Scusi, ma lei chi è?»

«Caronte Immacolata.»

Ragiono. Sarà mica... «La sorella di Mario.»

Ah.

«Sì, ho presente.»

«Devo dirvi delle cose su mio fratello. E su Rosaria.»

Una parola: qui si rischia di fare l'alba.

«Senta, signora, sono molto interessato ad ascoltarla. Però, vede, sono stato catapultato in questa vicenda da poco e non è stato facile, prima, quando sono saliti quei tipi a farsi giustizia.»

«Lo so, lo so» chiosa lei.

«Sono ancora un po' scosso, quindi, se fosse così gentile da aspettare, possiamo vederci... domani?» ipotizzo.

«Va bene.»

«La raggiungo qua, se posso.»

«Venite da me. Palazzina 7.»

«Perfetto.»

Quando la donna se ne va, non attendo neanche un secondo. Via, con Davis a palla verso casa.

32
La ricostruzione

Dopo la spettacolare seratina di ieri, tornato chissà come a casa, oggi sono nella sala d'aspetto di un centro per l'infanzia di Aversa. Nelle sale d'aspetto che si fa? Si aspetta. E io sto aspettando di incontrare Maria Carofalo, la psicologa che ha interrogato le figlie di Rosaria Landi. Voglio capire cosa è uscito fuori dal colloquio con le piccole: ieri, mentre tentavo di farmelo dire da Vincenzo, c'è stato l'assalto.

Le sale d'aspetto hanno tutte un qualche cosa di simile: i quadri insulsi, le poltroncine, le riviste vecchie sul tavolino basso. E un'aria di noia stagnante. Sono soporifere, le sale d'aspetto. Ti mettono in quella condizione di limbo che potrebbe non finire più. E così, dondolando nell'attesa, pensi.

Penso che ci sono dentro di nuovo fino al collo. Da poco più di dodici ore la mia vita ha ripreso a battere al ritmo dell'indagine sulla fine della povera Fortuna, come non mi succedeva da più di ventidue mesi, da quel giugno 2014. La forza dei fatti: per tanto tempo non accade molto, e anzi, tutto quello che è capitato dopo la morte di Chicca sono stato io, in larga parte, a farlo capitare, mentre adesso siamo nell'occhio del ciclone.

Ed è solo l'inizio: ora ci saranno le prime udienze, l'incidente probatorio, il riesame. Poi i giornali, le televisioni. Già si accalcano al Parco dalle prime ore del mattino, a quanto pare. Prima, niente, li dovevi pregare per avere un trafiletto, ora fanno a botte per mezza parola uscita dalla bocca dell'ultimo dei teppisti di Caivano. Ah, certo. Ci saranno un sacco di testimoni spuntati fuori tipo funghi dopo la pioggia, gente che sapeva tutto e che però chissà come non ha parlato, quelli che si venderebbero la mamma per trenta secondi davanti alla telecamera. Il solito circo.

Be', per fortuna la mia attesa è breve: dopo pochi minuti si affaccia una signora e mi invita a entrare. Un corridoio, poi lo studio della Carofalo.

«Buongiorno, dottoressa. Scusi ancora per l'urgenza» esordisco.

L'ho chiamata ieri sera, tornando dal Parco, facendo un giro di telefonate per rintracciarla.

«Prego, avvocato. E non si preoccupi, capisco» risponde.

Bella donna sulla cinquantina, occhi profondi. Rossa di capelli – le psicologhe tendono a esserlo, vero? –, abbastanza in carne, gonna lunga.

«E così anche lei è finita in questa storiaccia. Oddio, probabilmente è abituata.»

Lieve sorriso accomodante.

«Già. Ne vedo di tutti i colori.»

Resto in rispettoso silenzio.

«Bambini violentati dai genitori, soprattutto. Come quella che quando parlava del padre lo chiamava "papà" ma poi, quando arrivava a riferire delle violenze, cambiava, lo chiamava per nome. O come quella che raccontava tutto ma teneva sempre fuori la mamma, che però aveva responsabilità evidenti. La lasciava da parte perché non voleva farle male, asseriva. La mamma l'aveva traumatizzata a vita permettendo che il suo uomo la violentasse e lei la proteggeva.»

Taccio, inorridito.

«Migliori dei genitori, i bambini» prosegue. «Migliori di tutti gli adulti che fanno finta di non sapere, di non vedere, di non sentire. Mentre i piccoli vengono violati, minacciati, intimiditi. Usati.»

Ecco che cosa hanno dovuto imparare a essere i bambini. Del Parco Verde come di tutti i posti dove si consumano infamie: migliori davanti ai peggiori. Il *j'accuse* è impeccabile.

«Sì, avvocato, mi capita il peggio.» Si ferma. «Ma quello che ho visto stavolta non è paragonabile a niente.»

Mi sento sprofondare. Come quella volta che un amico mi disse che aveva picchiato la fidanzata, mandandola all'ospedale. Sei lì, ma non ci sei davvero. Ti senti precipitare.

«In quel palazzo» continua la Carofalo, «tutto parlava di violenza sui bambini, c'erano segnali inequivocabili, ed è tragico che nessuno sia stato capace di coglierli prima.»

«Lo affermo da mesi» è la mia replica. L'orgoglio, che ne so. Un modo per uscire dall'abisso. «Arrivo al punto: vorrei sapere cosa hanno risposto le bambine.»

Lei si siede. Traffica con il computer, poi con l'indice di una mano molto lunga m'indica il monitor. Pochi secondi e si sente l'apparecchio gracchiare: sta partendo la registrazione.

Mia mamma stava nella cucina. Io stavo lavando per terra. Poi Chicca è venuta a bussare alla porta. Mi ha detto: «Vuoi giocare?»; ho detto io: «Aspetta, sto lavando per terra». Si è seduta sul divano e ha detto: «A me mi fanno male le scarpe».

Chiara, la migliore amica di Chicca. Parla degli ultimi momenti di vita di Fortuna. Poi si sente la voce del pm.

PM: Chi era presente in casa?
CHIARA: Mamma, mia sorella, Chicca e Momò. Poi Chicca mi ha detto che usciva per cambiarsi le scarpe e che tornava.
PM: Chi è Momò?
CHIARA: Mario. Il fidanzato di mamma.

Ecco la voce della dottoressa.

PSICOLOGA: ... chi è uscito con lei? Cosa è successo?
PM: È uscito qualcuno, è uscita da sola?
CHIARA: Con Caronte.
PSICOLOGA: Quindi, è uscita Chicca; poi?
CHIARA: Caronte Mario.

Roba da pazzi. Prima lo chiama Momò, dopo per cognome e nome. Come una grande. Sento il silenzio. Poi il riepilogo.

Mario e Chicca sono saliti, invece di scendere. Circostanza che, riferisce ancora la bambina, ha visto pure la mamma. La piccola, una volta finito di lavare a terra, chiede alla madre di accompagnarla a prendere Chicca per giocare. La bambina dice che, insieme alla mamma, ha visto Mario Caronte con Chicca all'ottavo piano.

PM: Cosa c'è all'ottavo piano? Me lo descrivi?
CHIARA: Un sacco di spazio. Tranne le finestre, che non ci sono.

Un sacco di spazio. Però senza finestre.

Di nuovo le vertigini. Questa volta da fermo. Basta evocarlo, quel maledetto ottavo piano, per darmi il capogiro.

PM: Poi cosa è successo?
CHIARA: Che abbiamo sentito delle urla e siamo uscite fuori. Era Chicca che urlava.
PM: Perché urlava, Chicca?
PSICOLOGA: Che stavano facendo?
CHIARA: *La violentava.*

Ancora silenzio. I due dovevano essere, giustamente, sconvolti. E li capisco: sento il mio stomaco in subbuglio, figuriamoci il loro che lo hanno dovuto sentire in diretta, in presenza.

La psicologa chiede alla bambina di spiegare meglio quest'affermazione.

PSICOLOGA: Che significa che la violentava? So che è brutto, ma che stavano facendo? Come stava, Chicca? In piedi, seduta, sdraiata...
CHIARA: Sdraiata.

Poi aggiunge qualcosa.

CHIARA: Anche lui era sdraiato e si buttava addosso. Chicca gli dava i calci.

Gli dava i calci. Una forza della natura, quella piccola, avevano ragione i nonni. Ma non è bastato.

> PSICOLOGA: Poi cosa succedeva? Cosa vedete?

Un attimo di pausa, poi Chiara parla.

> CHIARA: Che lui la butta giù. La prende in braccio e la butta giù.

Non voglio fare più questo mestiere. Non voglio mai più sentire una cosa così uscire dalla bocca di una bambina.

Dalle domande che seguono emerge che, in realtà, la piccola non ha visto il gesto con il quale Chicca è stata lanciata nel vuoto.

> PM: Pensi che l'ha buttata giù perché poi hai sentito o visto qualcosa?
> PSICOLOGA: Cerca di ricordare bene, tesoro mio. È un passaggio molto importante.
> CHIARA: Perché ho sentito le urla.

Uhm.

> PSICOLOGA: Poi?

Chiara ha ancora un attimo di esitazione.

> CHIARA: Poi siamo scese dalla mamma di Chicca per farla calmare. E quando la mamma di Fortuna è svenuta, è venuto anche Momò che le ha dato un bicchiere d'acqua.

Un eroe, in pratica.

PSICOLOGA: Quando avete visto questa cosa, mamma ti ha detto qualcosa? Per esempio «non dirlo a nessuno», «manteniamo il segreto», oppure «diciamolo a tutto il Parco Verde»?
CHIARA: Che rimaneva un segreto.

In ultimo, la bimba riferisce anche che l'uomo era riuscito a scoprire la presenza delle microspie sistemate dalle forze dell'ordine e se ne era liberato schiacciandole.

Ho tenuto gli occhi chiusi durante tutta la registrazione. Solo quando sento la Carofalo abbassare il monitor li riapro.

«È finita, avvocato.» Si alza e si mette a ragionare girando per il suo studio. «Insomma: quello che gli adulti sapevano ma negavano o tenevano per sé, i bambini sono stati capaci di raccontarlo. E con i loro racconti i bambini del Parco Verde è come se si fossero ribellati. E probabilmente altri adulti pagheranno per ciò che è accaduto in quel palazzo, oltre all'omicidio di Chicca.»

Altri adulti pagheranno, ma i piccoli non torneranno. Anche se la verità sta venendo a galla non sono affatto contento. Non ho parole confortanti da dirmi e notizie buone da darmi.

«Sono... un po' provato.» Tengo lo sguardo basso. «La ringrazio molto, però.»

Faccio per andarmene, lei mi richiama.

«Ah, sa cosa ci ha aiutato? I disegni di Fortuna. Ci hanno messo sulla strada giusta.»

33
Disegni

Una volta ho letto un libro, *Malavita*, dello scrittore francese Tonino Benacquista. Un libro divertente e appassionante, tra la commedia e il thriller; ne hanno pure fatto un film con Robert De Niro. Parla di una famiglia di mafiosi italoamericani che si trovano in clandestinità in un piccolo paese della Francia, dopo che il capofamiglia, Giovanni Manzoni, si è pentito e ha testimoniato contro i suoi capi; per questo motivo, con la moglie Maggie e i figli Belle e Warren, vive sotto copertura grazie al programma di protezione testimoni dell'Fbi, in quanto il vecchio boss di Giovanni, don Lucchese, sta conducendo dalla prigione una feroce caccia all'uomo. Tuttavia nei vari spostamenti i componenti della famiglia hanno avuto dei comportamenti violenti, rendendosi potenzialmente visibili, il che ha costretto a trasferirli di continuo per evitare che fossero rintracciati e uccisi.

Un giorno uno dei figli di Giovanni, Warren, usa una battuta sentita anni prima dalla bocca di don Lucchese per scrivere l'articolo di una rubrica della gazzetta scolastica; una sua frase tipica, che tra loro, tra il giovane rampollo e il vecchio boss, era diventata un tormentone, stile lessico familiare. Poi, un'incredibile serie di eventi sfortunati: il ridicolo giornaletto scolastico viene portato da un abitante del paesino francese in un viaggio che l'uomo fa in Giappone. Questo lo dimentica all'aeroporto, dove viene trovato da un tizio, di passaggio, che lo prende e lo porta con sé su un aereo diretto negli Stati Uniti; qui il giornale viene buttato nella spazzatura e trovato da un poveraccio che stava frugando in una discarica. Colpito dalla copertina, lo porta con sé in una casa dove un criminale sta preparando dei pacchi con del cibo per i carcerati. Una delle pagine con cui fodera gli involucri è proprio quella dell'articolo di Warren. Quindi il foglio arriva in carcere, dove il galeotto che ha ricevuto il pacco vuole omaggiare il potente don Lucchese: gli porta il dono alimentare e con questo la pagina.

Il boss la legge distrattamente, poi riconosce la frase incriminata e ha un'illuminazione: visto il frontespizio del giornaletto, localizza la famiglia del suo nemico in quel posto della Francia e manda un commando a sterminarla.

Un bell'espediente letterario, per una commedia: mi colpì il grottesco giro di combinazioni che l'autore aveva inscenato per muovere la sua narrazione.

E adesso, anche se in modo meno rocambolesco, stava capitando qualcosa del genere. I disegni. Quei poveri, innocenti scarabocchi di Fortuna.

A Napoli li chiamiamo *spiringuacchi*. Li fanno tutti i bambini. Ci mettono tutto l'impegno del mondo e poi te li consegnano per sapere se ti piacciono. Il più delle volte, diciamo la verità, sono orribili. Ma nessuno di noi lo direbbe mai, anzi esclamiamo: «Brava, sei un'artista», per compiacerli, incoraggiarli. Qualche mamma chioccia ci vede davvero una vocazione. Qualche mamma pavona li appende al frigorifero. Ma non sapevo che quei disegni, a volte, parlano.

Era andata così: li avevo trovati nella stanza della piccola quasi due anni fa. Avevo chiesto al nonno il permesso di prenderli. Ricordo che ci andai persino in giro, per un periodo: li stringevo in mano senza un motivo, forse era un modo stupido per sentirmi attaccato alla storia. E alla loro autrice. Era come un amuleto, un modo per raccogliere tutta l'innocenza dei loro tratti buffi e trasferirla nell'impegno che ci avrei messo. Mah. Li avevo in mano quando correvo sul lungomare per andare a riferire la notizia al giornale, poi devo averli messi, tornando a casa, nel bauletto della Vespa. Fu lì che li ritrovai cercando una giacchetta mentre stavo con Federico che mi aveva chiesto di coprirmi, in quella serata umida. Mi ero dimenticato di averli nel motorino. Lui li notò, e potevano essere di chiunque, eppure mi domandò cosa fossero. Quando glielo spiegai, mi chiese di darglieli. Non obiettai.

Ma: e se non li avessi presi? E se non li avessi voluti tenere con me? E se non li avessi messi nel motorino? E se quando ho visto Federico non avesse cominciato a piovere? E se lui non avesse avuto un'indole così premurosa? E se, e se, e se. L'importante è che siano arrivati nelle mani giuste.

Poi Federico ci ha lasciato. Ma evidentemente deve aver consegnato, prima di morire, i quaderni alla sua collega. E lei, con l'intuito delle donne, ha capito che forse dietro gli *spiringuacchi* poteva nascondersi una verità. Li ha consegnati a un esperto, chissà chi, uno specializzato nell'interpretazione delle grafie, non so come si chiama questa figura. Grafologo, forse. Uno intelligente, comunque. Sta di fatto che il tizio intelligente li ha osservati, con cura, ha raffrontato le volute della matita, i colori scelti, la forza impressa nelle pagine, le figure. Insomma, li ha interrogati: e i disegni, alla fine di questi strani giri, hanno raccontato un pezzo di storia che mancava.

Fortuna non può non aver manifestato in qualche modo la sofferenza per ciò che stava subendo. E il disegno è la più genuina forma di comunicazione dei sentimenti dei bambini.

Chicca con i suoi disegni vuole dire. E, in una maniera tutta sua, denunciare. Quando usa i pennarelli per colorare il palazzo dove vive, a casa con le amichette, sceglie colori vivaci, con un tratto marcato. Carichi di rabbia, eccitazione, aggressività. Ne escono vari palazzi a formare un labirinto, con una chiesa in primo piano. È singolare la somiglianza dello schizzo con il vero Parco Verde visto dall'ingresso.

Disegna finestre con le sbarre, case senza porte, inaccessibili. E case con due entrate. Secondo l'esperto, indica la paura della separazione. Poi una bimba chiusa in un cerchio.

«Di solito rappresenta il ricatto, la necessità di mantenere il segreto» mi ha chiarito la psicologa. Solchi nelle pagine, procurati da una gomma sfregata con forza. «Fortuna crea e cancella con insistenza figure femminili, come se fossero una minaccia per lei.»

34

La testimone

«Volete il caffè, avvocato?»

Avvocato qua, avvocato là. Da qualche ora tutti mi trattano con grande deferenza. Sia quelli che intendono complimentarsi sia quanti vogliono blandirmi. Lo dicevo: la ragione dei fessi.

«No, grazie.»

Nel pomeriggio cerco di darmi una calmata con i caffè, sennò la notte non si dorme. Già è stato difficile, ieri, prendere sonno, dopo gli avvenimenti delle ultime ore. E poi, boh, sarò infantile, ma non voglio prendere il caffè da lei. In fin dei conti è la sorella di uno che è accusato di cose orrende. Lo so che è una scemenza: ma mi sembrerebbe di sporcarmi un po'.

«Lo prendo io» si fa avanti Sergio.

Meno male che è venuto; lui è più freddo, in queste situazioni.

«Lei voleva parlarmi, signora» intervengo per andare al punto.

La casa di Immacolata Caronte si trova dall'altra parte del Parco, in una zona che sembra più decente: almeno un po' di quel verde, tanto sbandierato nel nome del complesso, si vede.

«Sìe» fa lei.

Sìe, con la «e». Da qualche tempo nelle periferie napoletane i termini che finiscono in «i» subiscono una sorta di allungamento in «e». Lunedìe, mercoledìe, cosìe e soprattutto sìe. Misteri della fonetica.

«Antonio non è caduto. L'ha buttato.»

Meno male che non ho preso il caffè: a quest'ora dovrei fare i conti con una giacca, una camicia e un pantalone da buttare, tale è la reazione fisica, il sussulto provocato da quell'affermazione lanciata a bruciapelo nell'ultimo pomeriggio di aprile. Sergio mi mette una mano sul braccio per calmarmi. Immacolata è imperturbabile, di fronte al mio caracollare.

«Come fa a dirlo? E chi l'ha buttato?» chiedo, riprendendomi a stento.

«Si spieghi meglio, signora» fa Sergio.

«Cosa, quella.» Aria schifata. Guarda fuori, verso il misero verde.

«Cosa? Di chi parla?»

«La mamma. Rosaria» afferma. «La mamma per modo di dire. Bella mamma» continua, roteando braccio e mano nel noto gesto del sarcasmo. Lo sguardo è sempre perso verso l'esterno.

La osservo meglio. Capelli nerissimi, una tuta, faccia consumata. Nonostante l'età ha pochi denti sani. Palpebre abbassate alla Jean Reno, se può passare l'accostamento tra il famoso attore francese e una povera disgraziata dell'hinterland partenopeo. Palpebre abbassate di chi le ha viste tutte.

«Signo', quello che afferma è grave.» Mi sono avvicinato. «Come può testimoniarlo?»

Per la prima volta Immacolata si gira verso di noi e ci guarda. Un appello.

«Avvoca', se pensate che voglio difendere a mio fratello» sbotta, perpetuando l'uso del dativo in luogo dell'accusativo, molto in voga dalle nostre parti, «vi state sbagliando. Già l'ho preso a schiaffi io stessa.»

«Per cosa?» Sono confuso, vorrei andare con ordine.

«Perché mi avevano chiesto di tacere. Ma io non sto zitta: sono madre di figli e sui bambini non si scherza.»

Basta, ho bisogno di ricapitolare.

«Signo', con calma. Prima di tutto voglio sapere come fa a dire che è stata Rosaria a lanciare Antonio.»

«Semplice: quando è successo ero in casa.»

Ora il Parco Verde gira veloce. Di nuovo quella sensazione di vertigini da fermo.

«U-un bicchiere d'acqua, per cortesia.»

Me lo porge subito. Acqua. Chiara, fresca, innocente, casta. Sergio interviene, sempre senza parlare, con il suo stile *low profile*. Capisce che l'unica cosa opportuna, adesso, è registrare. Accende il telefono e lo pianta sul tavolo. Farà lui il lavoro per noi.

«Sono stata da loro per mesi, mio marito era dentro. Ora che ha avuto i domiciliari sono tornata qua.»

Annuisco.

«Ma in quel periodo, nell'aprile di tre anni fa, ero là.»

Bene.

«Quel giorno Rosaria era molto agitata. Penso che avesse avuto una lite con l'ex marito, Gennaro.»

I conti tornano.

«Mi trovavo in cucina a guardare la televisione, lei era nella stanza affianco e aveva Antonio in braccio. Si trovavano accanto a uno specchio. Tenete presente quegli specchi grossi che si portavano una volta? Da dove mi trovavo li vedevo. Erano vicino alla finestra che aveva la tapparella rotta, quasi tutta abbassata. Ma là per là non ci feci caso.»

Sono iperconcentrato, tesissimo. Sergio è in piedi e gironzola per la stanza.

«Di una cosa però mi resi conto subito, perché non mi tornava» aggiunge.

«Dica» la incalzo.

«Che mentre aveva il bimbo sul braccio destro con l'altra mano alzava la serranda rotta. Mi pareva curioso: che la sollevava a fare? Poi tornai a distrarmi con la televisione.»

«E dopo?» chiede Sergio.

«Poi, a un certo punto, sarà passato un minuto, un rumore e un urlo. Accorro e lei mi dice che Antonio era caduto giù.»

Chiudo gli occhi. Mi sento molto legato ad Antonio. Dalle foto si vede un viso d'angelo. E poi, è una sciocchezza, ma che ci vuoi fare, mio fratello piccolo si chiama così. Chissà se anche Sergio sta pensando la stessa cosa.

«Caduto giù, sì. Come no. Con la tapparella rotta e lui in braccio. Mi racconta che si era affacciato per vedere un elicottero. Ma cosa? Tuo figlio di tre anni si sporge in quella maniera e tu te ne stai lì impalata?»

Sergio e io ci guardiamo sentendo entrambi l'identica cosa: sta dicendo la verità. Non siamo psicologi e non abbiamo la famosa macchina, ma certe cose le intuisci.

«Poco dopo non era così scossa. Infatti le ho chiesto: "E

perché non ti sei buttata di sotto con lui?". Una vera mamma non sopravvive a una cosa del genere.»

Come darle torto?

«E invece» prosegue, «la prima cosa che venne in mente a lei e a quell'altro bell'elemento di Mario fu di chiedermi di raccontare ai carabinieri la loro versione. Ovvero che in casa c'era pure mio fratello per confermare l'incidente. Gli dissi che li avrei fatti picchiare se non la smettevano. Alla fine non fui interrogata, ma se fosse successo avrei rivelato quanto avevo visto e sentito.»

«Cosa ha sentito?» chiedo.

«Che lei, prima del tonfo, stava parlando da sola. Bestemmiava qualunque cosa. Si arrabbiava e minacciava ad alta voce. Credo si riferisse ad Antonio e al litigio avuto con Gennaro.»

«Perché? Bisogna essere precisi» interviene Sergio.

«Perché a un certo punto ha detto: "O con me o con nessuno!". E poi le urla.»

Madonna mia. Tento di calcolare gli effetti di una dichiarazione del genere in termini legali e mediatici.

«Avvoca'» riprende lei. «Mio fratello è un deficiente. Ha fatto tutte le stronzate che poteva, mettendosi appresso a qualunque scema gli venisse dietro.» Si ferma, sta per dire una cosa forte. «E poi faceva lo schifoso con le piccole. Però uccidere un bambino no, non credo.» Tace. Sa pure lei che ha toccato un aspetto delicato. «So che questo vale poco perché sono la sorella, ma devo dirlo.»

Restiamo un po' in silenzio. Io per assorbire meglio tutte le informazioni ricevute, lei, immagino, per attutire la violenza di ciò che ha rivelato. Sergio in silenzio ci vive. Beato lui.

Mi alzo. Mio fratello chiude il telefono. Entriamo in modalità congedo, in pratica.

«Be', ecco, noi la ringraziamo» faccio. «Quello che ha detto può essere molto utile.» A Gennaro soprattutto, penso.

«Avvocato, un'ultima cosa.»

Ci risiamo. Qui tutti giocano a questa suspense, probabilmente involontaria, difficile sia desunta da letture o film thriller, che però mi fa andare al manicomio. Impedendomi di staccare quando voglio, cosa che normalmente mi manda in bestia.

«Sìe» dico. Mi sto acclimatando. Sergio mi fa un'occhiataccia.

«Lo sapete che anche Antonio è stato ritrovato senza una scarpa?»

Sì, lo sapevo. Ma sentirmelo ripetere e sottolineare ora m'induce di nuovo la sensazione di vuoto. Non credo alle energie e agli influssi, malefici o benefici, ma da quando frequento il Parco Verde mi sto ricredendo.

«Quella destra» aggiunge.

35

Fare le scarpe

E quindi anche Antonio sarebbe stato ammazzato. Una volta uscito dal Parco chiamo subito Gennaro.

«Puoi raggiungermi?» gli chiedo. «Ci vediamo al bar Femily, lo conosci?»

Ma sì, il buon vecchio Femily, che pronuncio con la «e», è perfetto per aspettare. E ragionare. Guardo mio fratello.

«Ora ti faccio conoscere un posto e una persona molto particolari» gli annuncio. Lui sorride leggero.

Appena entrati ci sediamo a un tavolino che sta sotto una tivvù.

«Le scarpette non ritrovate sono due. Due scarpe mancanti, due omicidi» osservo.

«Come una firma» interviene lui. «Probabilmente involontaria, ma a volte basta un dettaglio ricorrente per incriminare.»

«Che prendete?» fa un giovanotto.

Chissà se è quel ragazzo che gli autisti volevano far licenziare. Ordino un caffè e una prussiana, in memoria della mia prima volta qui.

«Aspetta. Ma se il primo omicidio lo ha commesso Rosaria, con la prima scarpetta assente che accusa, urlando, che non può essere stato un incidente, allora, anche il secondo...?» «Fortuna crea e cancella con insistenza figure femminili, come se fossero una minaccia per lei» aveva spiegato la psicologa.

«Andiamo piano» frena, giustamente, Sergio.

In televisione danno uno speciale sul Parco Verde. Già stanno fioccando reportage e approfondimenti. Vabbè. Nel servizio stanno trasmettendo l'intercettazione ambientale di Carmen Belato, una delle due persone fermate dai carabinieri quando Caronte è stato arrestato.

> Sono venuti i brigadieri, mi hanno detto: «Signora, niente di male, lo stiamo facendo a tutti quanti». Stavano indagando. Volevano sapere il fatto della scarpetta.

Ancora quella scarpetta. Mi perseguita.

> L'ho trovata io, la scarpetta.

La signora racconta che si trovava proprio fuori dall'appartamento della Landi, quando avvenne il fattaccio.

> Ma non lo voglio dire a nessuno. L'ho buttata. Ho buttato la *scarpetella* perché non volevo problemi e non volevo essere coinvolta né io e nemmeno tu.

Sta parlando con il figlio. È la madre dell'attuale compagno di Domenica, Graziano Tortora. In pratica, la nonna del fratello più piccolo della povera Fortuna. All'intervistatore, però, fornisce un'altra versione.

Non credo a quello che dicono, io non ho visto niente perché non è successo niente. La magistratura dice che la bambina era qui sopra?

Ora nega tutto.

Io ero nel corridoio seduta ma non è successo niente.

Quasi tutto. E per farsi credere ha chiamato in causa persino Dio.

Ve lo giuro su Geova, io sono Testimone. Fatelo parlare con me, Momò. Vediamo se è passato da qui. Non ho visto nessuno passare di qui.

La sua risolutezza ha dell'eroico.

Secondo lei io vedevo una cosa del genere e restavo con le mani in mano? Non sono donna di quel genere, li prendevo con una mazza. Quella a me Fortuna mi chiamava nonna.

Anche se tecnicamente non lo era. Era la nonna di suo fratello piccolo.

Non ho sentito niente, non ho visto niente. Perché cercano da noi la scarpetta? Io devo parlare solo con la legge di Dio.

Ancora il famoso sandaletto. Tornando alle intercettazioni, la donna, nel suo dialogare con il figlio, non specifica il luogo del ritrovamento.

«Non specifica se quel sandaletto» guardo Sergio «lo ha trovato all'ottavo piano che porta al terrazzo da dove, secondo i magistrati, Fortuna sarebbe stata scaraventata nel vuoto dal suo assassino per aver reagito all'ennesimo tentativo di abusi sessuali.»

«Individuarlo sarebbe fondamentale» osserva Sergio. «Consentirebbe agli inquirenti di determinare esattamente il punto da dove è stata lanciata nel vuoto la vittima.»

«Già.»

Ecco Gennaro.

«Ho delle novità» gli annuncio subito dopo averlo presentato a Sergio.

Si siede, gli mostro il filmato.

La sua espressione via via si spalanca. Alla fine, nonostante il suo fare tenue, lo capisco: è furioso, indignato.

«Cosa vi dicevo, avvocato!» esclama.

«Sì, Gennaro. Ma non basta.»

Lui ora ha l'aria stupita.

«Dobbiamo agire bene. Adesso deposito questo filmato in procura. Però noi dobbiamo preparare il terreno.»

«Spiegatemi.»

È un uomo semplice, Gennaro. Anch'io sono come lui, ma devo far finta di essere complesso. O quantomeno di conoscere la complessità. Mi guardo intorno. Voglio fargli capire come vanno queste faccende.

«Vedi quel tipo?» Gli indico uno dei ragazzi del bar.

«Sì» fa lui girandosi.

«Allora, metti che il suo capo lo *cazzea* sempre. Lo tiene *sott'o pacchero.*»

«Shhh» ammonisce Sergio.

«Facile che succede veramente» fa Gennaro.

«Ecco. Fino a quando questa cosa resta qui, tra le pareti del bar Femily, il poveretto resterà sempre *sott'o pacchero*, sotto schiaffo, ovvero si terrà ogni maltrattamento. Ma se inizia a parlarne con qualcuno, può darsi che la storia che lui viene trattato uno schifo cominci a girare. E che la gente provi pena per lui. E che, addirittura, qualcuno decida d'intervenire.»

Lui fa una smorfia di sarcasmo e disincanto.

«Sì, dotto'. E quando mai succede. Alla gente non gliene frega niente, del ragazzo» commenta.

«Esatto. Ma se arriva all'orecchio di uno che conta e a cui questa cosa dispiace, sai che succede? Che chiede a tutti di non venire più al bar Femily.»

Si affaccia uno da dietro una stanza. Sulla cinquantina. Probabile sia proprio il titolare. Ci guarda un po' male.

«Abbassa la voce che qua ci *vattono*» è ancora Sergio a usare buon senso.

«E che al bar Femily, dove magari prima veniva un sacco di gente perché fanno dei dolci proprio buoni» proseguo alzando la voce, tanto per recuperare, «iniziano a esserci meno clienti» concludo, abbassando il tono.

«Uhm.» Gennaro è interdetto.

«La fama, Genna'. La fama è tutto. Quella buona e quella cattiva. Se noi mo' iniziamo a spargere la voce che Rosaria non è così innocente, e se sei tu a dirlo, può essere che la polizia e i giudici se ne interessino.»

«Cosa bisogna fare?»

«Parlare con i giornali. In televisione. Te la senti?»

Conosco il suo carattere. Vedo che sta raccogliendo le forze per una cosa che non vorrebbe fare.

«S-sì. Per Antonio questo e altro» concorda, alla fine.

36

La fama

La fama è una strana bestia. Qualche giorno fa ho fatto quel pistolotto al povero Gennaro, ma in realtà non c'è niente di più pericoloso che diventare famosi.

Guardo il Parco Verde in questi primi giorni di maggio e sembra essersi trasformato in una sala stampa permanente. Si stanno scatenando tutti: giornali, radio, siti web e soprattutto tivvù. Con le loro pelose trasmissioni del dolore, le vite in diretta e i pomeriggi cinque, quelle che fanno più audience della finale dei Mondiali, quelle che fanno diventare i nostri spettatori più ferrati, sui delitti, di commissari e criminologi.

Ogni tanto qualcuno mi piazza un microfono sotto il naso. Il mio telefono squilla in continuazione. Mi viene da ridere, due anni fa per pubblicare una dichiarazione dovevo fare i salti mortali, un'espressione che tengo per me perché è quanto mai indelicata, da queste parti.

È difficile selezionare cosa dire e a chi. I pochi giornalisti seri bisogna trovarseli con il lanternino, il resto è una gigantesca messinscena. Guardo con pena queste tizie cotonate che fino a due minuti prima stavano ridacchiando con il cameraman, in romanaccio-Rai, che è un grammelot da biascicare obbligatoriamente appena vieni assunto in televisione anche se sei veneta o lucana, sguaiate di gomme in bocca, sigarette e pettegolezzi su tutta la redazione che, di colpo, appena si va in diretta, arrivano truccate con cipria e rossetto, assumono quest'aria afflitta, voci flautate e di circostanza, come le frasi fatte che per l'occasione escono dalle loro labbra siliconate.

Guardo i reporter che si accalcano, videocamera e macchina fotografica in spalla, per rincorrere i protagonisti di questa epopea made in Caivano, e dopo gli scatti si radunano come in uno spogliatoio, «carina la Guardato, eh?», e «che palle, tocca sta' fino a stanotte», c'è chi ha portato una pizza, chi stappa le birre e via di risate, battutacce e volgarità assortite, la professionalità è pure questo, stare in mezzo alla tragedia e scherzarci su.

Guardo gli abitanti del Parco, quelli che fino a ieri se ne stavano rintanati nelle loro spelonche a guardare le stesse tivvù che adesso gli stanno rendendo visita, ora per la prima volta in strada, muti e speranzosi di essere ripresi, mettersi dietro le telecamere per fare «ciao mamma», per guardarsi più tardi quando il circo si sarà ritirato – la stessa scena non è più uguale a dieci metri di distanza, se sei in strada dal vivo è un conto, se sei in televisione un altro –, offrirsi come supertestimoni in cambio di un pacchetto di sigarette, giurare «io c'ero», «io la conoscevo», «era tanto brava, Chicca» e «quelli? Sono sempre stati dei pazzi», mentre per due anni nessuno ha parlato e quando ha parlato lo ha fatto solo per dire di non sapere niente. La fama è un mostro orribile che può fare davvero male. Arriva ovunque.

Guardo il telefono per leggere le ultime notizie e scopro che Mario Caronte è stato picchiato di brutto in carcere. Un linciaggio. Una sorta di rito tra galeotti: il trattamento riservato ai pedofili. Appena si è sparsa la voce della sua accusa di omicidio, è stato aggredito e picchiato nella cella al terzo piano del padiglione Roma del carcere di Poggioreale dagli stessi detenuti con cui divideva la stanza. È accaduto lo stesso giorno in cui il presunto assassino della bimba di sei anni è stato tradotto da una parte all'altra del carcere. E dire che Caronte in galera ci sta da mesi e ancora non lo avevano toccato. A evitare che la violenza si trasformasse in omicidio sono stati due agenti della polizia penitenziaria che lo hanno sottratto alla furia degli aggressori quando hanno sentito delle urla provenire dalla cella al terzo piano di quel padiglione, che ospita i cosiddetti *sex offenders*, autori di reati gravi legati alla sfera sessuale. Leggo:

> I detenuti che ospita il padiglione nel più sovraffollato e antiquato carcere italiano, quello di Poggioreale, hanno decretato la loro sentenza nei confronti di Caronte: colpevole. E non hanno aspettato per eseguirla: l'uomo è stato violentemente pestato dai suoi stessi compagni di cella. Tra loro c'è anche il giovane che un anno fa venne arrestato per le sevizie commesse ai danni di un ragazzino a Pianura.

Il carcere è così. Non ho mai dovuto difendere chi era accusato di violenze e stupri su donne o minori, ma qualcuno dei miei assistiti mi ha raccontato scene da brivido. Lo fanno per un codice d'onore interno – i bambini non si toccano – e per sfogare anni di reclusione. Orrore nell'orrore. E mi colpisce la velocità con cui la fama di orco arrivi in carcere. Ripeto, la fama può fare molto male.

Mentre me ne sto acquattato in un angolo del Parco si avvicinano degli scooter. Sono quattro, con dodici passeggeri a bordo.

«Avvocato!»

Volti piuttosto bruttini. Nel senso di pericolosi. Li guardo, mi hanno accerchiato. Vedo, poco lontano, una pattuglia della polizia municipale. Uno mi affronta.

«Ve lo dico adesso e non ve lo dico più» comunica, con un pesante accento. «Non vogliamo più vedere gente qui nel Parco. Né voi, né i giornalisti.»

Un altro scende, è un colosso, alto e grasso, sta per caricarmi. Quello che ha parlato lo trattiene.

«Stai fermo. L'avvocato è una persona intelligente. Ha capito, vero, avvocato?»

Come no. Ricevuto. Vanno via, io salgo dai Guardato. È chiaro, penso, la camorra non vuole la folla perché non può fare il suo lavoro, con i riflettori accesi.

Mi apre Vincenzo.

«Avvocato, ci sono brutte notizie.»

«Credo di saperne qualcosa» replico, mentre guadagno il salone.

Prendo fiato.

«Sono venuti stamattina» prosegue Vincenzo senza spiegare chi. «Hanno detto di non fare più venire a lei e ai giornalisti nel Parco Verde.»

«Sì, mi hanno appena riferito una cosa del genere.»

Vedo Vincenzo assalito da un'improvvisa collera.

«E questi fetenti hanno pure avuto il coraggio di dirmi,

in faccia, che altrimenti lei avrebbe fatto la stessa fine di Fortuna.»

Mi avvicino. Si è dovuto sedere per calmarsi. Lo guardo da sopra.

«Vincenzo, lei ha paura?»

«Ma quale paura!» sbotta. «Dopo quello che ho passato, si figuri se ho paura.» Mi guarda. «Mi fa infuriare che abbiano messo in mezzo la piccola.»

«Bene» rispondo. «Non vogliono avvocati e giornalisti? E allora adesso guarda che ti combina l'avvocato con i giornalisti.»

Dopo un'ora tutte le agenzie stanno battendo la stessa notizia.

> Pesanti minacce sono arrivate oggi dal Parco Verde di Caivano all'indirizzo di Angelo Pisani, che con il fratello Sergio è impegnato nelle indagini difensive per ricostruire la verità sulla morte della piccola Fortuna Loffredo e di Antonio Giglio, assistendo i papà dei due bambini e i nonni di Chicca.
> Ed è stata proprio la famiglia di Mimma Guardato, madre di Fortuna, a denunciare l'esistenza di minacce e a chiedere giustizia. Alcune persone si erano infatti recate ieri sera a casa dei familiari della piccola Fortuna, ai quali avrebbero detto: «Non fate più venire l'avvocato e i giornalisti nel Parco Verde, altrimenti fanno la stessa fine di Fortuna».

Ho ormai diversi amici nella stampa e non c'è voluto molto per ottenere una denuncia mediatica. Ma mentre sto ancora a casa dei nonni mi viene in mente altro. C'è una piccola area verde, verso uno degli ingressi del Parco, che doveva ospitare fino a qualche tempo fa una giostra, di cui ormai restano giusto le vestigia carbonizzate da qualche buontempone. L'aiuola, o quel che ne rimane, è rialzata rispetto al terreno. Sembra un palco.

Scendo, mi accosto a uno che conosco e che fa l'operatore di una tivvù locale; un bravo ragazzo, quando c'incontriamo alle conferenze e durante i vertici in questura ci salutiamo, ci scambiamo chiacchiere.

«Hai il microfono, vero?» gli chiedo.

«Certo, avvocato.»

«E la cassa?»

«Eccola. A cosa vi serve?»

«Se me la presti facciamo un servizio bomba.»

«Allora a disposizione.»

Con lui, microfono e cassa mi avvicino al palchetto naturale offerto dall'ex giostra. Salgo, il tizio accende la cassa. Parlo.

«Scusate, sono l'avvocato Pisani e ho da dire qualcosa.»

Nel giro di trenta secondi si gira chiunque. Si girano gli inviati delle tivvù nazionali, passanti e abitanti, gente dalle finestre, e persino i ragazzotti sugli scooter si fermano dalle loro impennate e si mettono in ascolto. Ho deciso di ritagliarmi la mia fama, il mio quarto d'ora di celebrità. A Caivano.

«Le gravi minacce rimbombate oggi dal Parco Verde di Caivano» esordisco «arrivano dopo che le tv nazionali hanno acceso i riflettori, e alla vigilia dell'incidente probatorio nel quale due bambine, che sono riuscite a infrangere il muro dell'omertà, dovranno confermare dinanzi ai pubblici ministeri le atroci verità su quanto loro accaduto e sul tragico destino di Fortuna.»

Un brusio accompagna l'inizio del mio comizio improvvisato. Mi sembra di sentire cosa dicono: «Ma che vuole, questo, ma chi è, ecco un altro che approfitta della situazione per mettersi in mezzo». Alcuni mi riconoscono, altri sghignazzano, altri mi guardano male; ma un paio di persone, lo vedo, mi sorridono.

«Non è certo un caso» proseguo «che proprio in queste ore, come spesso accade, si cerchi con ogni mezzo di evitare e fermare la verità, e possiamo immaginare quali tentativi potrebbero essere messi in atto, oltre alle pesanti intimidazioni di queste ultime ore, proprio per impedire che si cristallizzino prove e testimonianze.»

Qui dal brusio si passa al silenzio.

«Fin dal primo momento abbiamo sostenuto che, per quanto già di per sé atroci, le morti di Chicca e di Antonio rappresentavano lo scenario emerso di un contesto ancora più esteso e orribile, ponendoci l'obiettivo di offrire il massimo della nostra collaborazione alle accurate indagini, con lo scopo primario di sottrarre altri piccoli innocenti allo stesso destino, oltre che per individuare e punire i responsabili di simili scempi.»

Ho osato. Ora il silenzio lo si potrebbe tagliare a fette. E dunque insisto, alzando il tiro.

«I riflettori che abbiamo acceso sull'angolo più buio della provincia di Napoli, anche attraverso la stampa, dovrebbero spegnersi: questo l'obiettivo palese delle minacce, rivolte a noi legali e ai giornalisti, con l'evidente scopo di far ripiombare nuovamente nell'oscurità la catena di abusi e reati che sono stati consumati per anni. Finora si era trattato d'intimidazioni velate, anche a carico di qualche operatore sociale che aveva provato a sollevare il velo.

Adesso si è deciso evidentemente di alzare il tiro, benché le stesse aggressioni in carcere all'indagato per queste mostruosità e alla sua compagna sembrassero indicare che anche tra i detenuti si manifesta orrore verso crimini come questi. Invece si cerca di sbarrare la strada a tutti coloro che con rigore e coraggio cercano di sottrarre altri piccoli innocenti a delitti ripugnanti contro l'umanità, lungo un percorso che appare solo all'inizio rispetto alla gravità della situazione.»

Ma come mi sta uscendo 'sto discorso, così, tutto d'un fiato? Sembro un libro stampato. Vero, me la sono sempre cavata con le chiacchiere a braccio, eppure non so cosa mi succede, è come se le parole me le stesse dettando qualcuno, qualcosa. Un angelo ispiratore, la paura, la determinazione. Guardo su, si è affacciata la famiglia che difendo.

«Diamo atto alla famiglia di Mimma Guardato, mamma della povera Fortuna, di aver reso nota l'esistenza di queste minacce, facendo seguito all'atteggiamento tenuto fin dall'inizio da questa famiglia, con la richiesta di conoscere a ogni costo la verità sulla morte della loro bambina.»

Sento accenni di applausi verso di loro. Il nonno riesco a vederlo. E forse, ma non ci giurerei, sta sorridendo.

«Si respira un clima torbido, qualcuno sta cercando di seminare il terrore. Ma noi andremo avanti e ogni altra minaccia, come qualsiasi "anomalia" che possa intralciare il nostro percorso e quello degli investigatori, saranno denunciate ai carabinieri. Lo faremo per onorare la memoria di Chicca, il ricordo di Antonio, la testimonianza di vita che ci ha lasciato Federico Bisceglia.»

Ora gli applausi iniziano a montare anche nei miei confronti. Ci vuole un finalone.

«Nulla può fermare il dovere e l'obbligo di accertare la verità e di difendere tutti i bambini.»

Sembra incredibile, ma adesso anche le iene dei giornali e qualche abitante dalla faccia patibolare stanno applaudendo. Finisco, scendo dal palco, non faccio in tempo a raggiungere l'auto che arrivano i Guardato. Sorridono, e chissà da quanto tempo non accadeva. Così come forse non avevano mai sperimentato una certa protezione che la società civile, quando gira a dovere, può garantire. Se però le storture vengono a galla.

Perché, a volte, la fama può aiutare.

37
Un dramma nazionale

Un'auto mi sta portando in giro per Roma e dintorni. La pensata di comiziare davanti a tutti, di espormi a favore di camere nazionali e non più solo locali, i riferimenti alle minacce della camorra, hanno sortito un effetto in cui non avevo sperato, ma che adesso è piuttosto gradito. Sono stato invitato a intervenire in prima serata al talk show più famoso della tivvù per dire la mia su quelli che ormai tutti chiamano «i fatti di Caivano».

A dire il vero, non mi piace molto il genere talk show. Non ho mai capito come si riesca non solo a partecipare ma pure a condurli, programmi così; e anche a scriverli, a idearli. Cioè: c'è qualcuno che per lavoro butta giù una scaletta in cui sono previsti ospiti e ciò che più o meno diranno, individua un tempo anche per quelle che a noi arrivano come polemiche, immagina l'evoluzione di quella che dovrebbe essere una libera espressione dell'animo, e poi stacco, pubblicità, e si passa al prossimo caso.

Non c'è niente di più artificioso e di plastica di un talk show, e temo che quelli italiani battano ogni record di finzione. Dovrebbero produrre tv-verità e invece si rivelano il barnum della fiction. Di solito dopo i primi tre minuti mi addormento o cambio canale. Fanno eccezione un paio che sono costruiti meglio, ma ho l'impressione che in qualche modo il talk show debba avere quasi obbligatoriamente una dose calibrata di appiattimento, di noia, di ampollosità. Sennò il cittadino, anziché assopirsi con la sensazione che qualcuno si stia occupando di lui e dei suoi simili, e poi a nanna che domani si lavora, si sveglierebbe, o lo sveglierebbe, la sua indignazione.

Bah, ormai è tardi. Ho confermato che vado e andrò. È per dire che non sono così entusiasta di prendere parte anch'io ai famosi salotti televisivi, ma in questo momento può servire.

«Dotto', ci vuole ancora un pochetto per arrivare» m'informa l'autista che mi sta portando da Termini agli studi.

Intendo che può servire, espandere il campo dell'attenzione al resto del Paese, nel senso che sarà d'aiuto ai Guardato. Ma per vocazione non mi fido mai della prima utilità di una cosa. Mi piace, per carattere e perché è utile nella professione, cercare di cogliere vari piccioni con la solita fava. Dico «solita» perché ho un'amica toscana che sostiene sia sinonimo di «stessa». Ma anche per un altro motivo, che questa fava in particolare, ovvero la storia di dare audience a un problema, si sta rivelando l'unico asso nella mia povera manica bucata; a proposito, devo provvedere a farmi qualche camicia, negli ultimi tempi mi sono lasciato andare. Pensieri in libertà, si potrebbe dire, eppure questa gita automobilistica tra Roma centro e Roma periferia è uno dei pochi momenti che mi ritrovo negli ultimi tempi per pensare. I giorni scorsi sono stati solo azione continua.

E perciò, pensando pensando, migriamo dal centro storico alle zone marginali. A Roma è facile capire il trapasso dal vecchio al nuovo: quando non ci sono più resti archeologici ovunque, vuol dire che stai lasciando il cuore della città eterna. Che è bellissimo, mentre le sue zone *extra moenia* un po' meno. Certo che le periferie si somigliano un po' tutte, fanno a gara a quale è messa peggio. Transito davanti a una zona e sceglier non saprei tra qua e il Parco Verde.

«Come si chiama questo posto, scusi?» domando all'autista.

«Corviale.» E nello specchietto mi fa una smorfia precisa, tra la rassegnazione e il «che me lo chiedi a fare»: in altre parole, meglio non saperlo, come si chiama.

Palazzoni orribili e insensati, nessuno spazio verde ma solo colate di cemento, e poi le anime, se così si può chiamarle, che girano in queste lande: facce sofferenti di gente che tira a campare con fatica, o arrabbiate per via della bruttura cui sono costrette, losche, ma losche involontariamente, spente dall'assenza di buone notizie e di fiducia nella vita. Chissà cosa succede pure qua, nelle strade rotte e sporche e negli edifici spettrali.

Guardo meglio qualche viso. Mi ricordano, purtroppo, tante periferie delle mie parti. Si somiglia, la gente disperata, come se facessero parte di un'unica nazione, una terra di stenti e infelicità, di oblio dello Stato e delle possibilità di una vita normale. Questa condizione plasma un connotato unificante e un costume nazionale anche nell'estetica: lo sciatto, il non accostabile, pure l'inutilmente chiassoso degli abiti sembra essere stato pensato per vestire i disperati. Sono pensieri orribili, lo so, ma fotografie del reale, e se il reale è orribile mi sento meno in colpa a registrarlo.

«Ci siamo?» chiedo all'autista.

«'Na quindicina de minuti e arriviamo» fa lui.

Attraversando altre zone mi viene in mente a cos'altro serve la mia apparizione in trasmissione. Voglio ricordare che ciò che è successo a Fortuna non è un problema napoletano. Riguarda tutta Italia.

Riguarda tutta Italia perché, se non sbaglio, Napoli e hinterland si trovano ancora in Italia, almeno per qualche altro anno dovrebbe essere così, poi chissà, tra federalismi asimmetrici, autonomie differenziate e altre belle intuizioni dei governi che ci tocca avere.

E riguarda tutta Italia perché ciò che è successo là può succedere ovunque. A Napoli come a Milano, a Bari come a Palermo, a Torino come a Roma. Ovunque lo Stato non arriva, una Fortuna può essere lanciata da un palazzo senza che per molto tempo accada nulla. Senza che qualcuno lo trovi bestiale. Senza che lo stesso governo, così sollecito nel varare leggi surreali, senta il dovere d'intervenire.

«Ci siamo, dotto'» comunica l'autista.

«Grazie. Non solo per avermi portato qua.»

«E per cosa?» chiede, stavolta girandosi verso di me.

«Per avermi ispirato un'idea importante.»

«Davvero? Se nun ho fatto gnente...» replica lui.

«Mi ha portato in una zona che mi ha illuminato» puntualizzo.

«Ma se l'ho portata in mezzo all'inferno!» fa ancora.

«Appunto.»

Sto per allontanarmi e prepararmi al discorso che devo pronunciare, motivato da quest'ultima idea, ovvero di denunciare una situazione che non sia il solito brand «Napoli, folclore & malavita», quando l'autista mi richiama al finestrino dell'auto.

«Ma io dove l'ho già vista, dotto'?» domanda. «Ha un'aria così familiare...»

Capisco al volo.

«Lei tifa Roma, vero?»

«'A maggica è 'a maggica...»

«Due anni fa, in un Napoli-Roma, che finì 3 a 0 per noi...» chiarisco, canzonatorio.

«Nun m'o ricordi, la prego!» fa lui.

«Be', mi trovavo seduto accanto a un amico, uno piuttosto conosciuto.»

Lui prova a ricordare, poi si dimostra sveglio.

«Diego!»

«Sì.»

«Er più grande de tutti...»

«Mi fa piacere che anche un romanista lo riconosca.»

«Ma lui non è solo er più grande pel calcio» replica. Lo ascolto attento. «Veniva anche lui dall'inferno.»

Annuisco ammirato.

«Ha proprio ragione.»

«Allora, nun so cosa deve di' in televisione, ma se c'entra qualcosa lo dica. Che se ricordassero de noantri che in quegli inferni siamo costretti a stacce.»

38
La rete

La notizia me la dà lui, al telefono. È un mattino d'inizio maggio del 2016. Anzi, è più o meno l'alba.

«Pronto» bofonchio. Sono ancora a letto, neanche ho visto chi chiamava.

«Avvocato.»

Ho dei tempi «diesel», al risveglio. Se non prendo un paio di caffè e non passa mezz'ora, non carburo. Resto vigile, ma non servo a niente. Dipende dal fatto che, tutto sommato, non riesco a capire perché devo proprio svegliarmi. La vivo come un'insolenza. Non voglio che nessuno mi parli, di primo mattino. No richieste, no impegni, no discorsi difficili. Nessuna donna che ti ricordi che bisogna pagare il gas. A quest'ora sono tutto un no. Forse per questo, a quarant'anni suonati, vivo solo.

«Sono io» sento nella cornetta, se con i cellulari si può dire ancora cornetta.

E così qualcuno mi dice «sono io». Frase impegnativa, divago dentro di me. «Sono io» è un'affermazione forte, dal punto di vista ontologico. C'è ancora chi riesce a dirlo così sicuro: significa che ha grande coscienza di se stesso.

Esprime un'apparente tautologia che invece è dichiarazione di finitezza in sé: non riesco a essere che io. «Sono io» è il contrario di «io sono». Lo ammetto, gli unici ragionamenti che mi escono fluidi al mattino sono degli inutili pipponi di stampo filosofico.

«Sì?» chiedo.

Non voglio domandare «io chi?», mi pare sgarbato.

«Avvoca'!»

Non capisco ancora, se non che la voce che ha risuonato nel microfono dello smartphone mi è nota. Perciò guardo lo schermo. GENNARO ANTONIO. Ho voluto registrarlo così perché di Gennaro ne conosco decine.

«Caro» rimedio, mentre mi parte un clamoroso sbadiglio.

Mi sollevo sul cuscino e accendo l'abat-jour. Osservo la stanza: fa paura. Saranno giorni che non metto a posto, anzi, sono giorni che a casa ci dormo soltanto. Mucchi di vestiti ammonticchiati sulla sedia, tazzine di caffè ai margini del letto, fogli ovunque. Pile di cartoni della pizza, persino in camera. Sì, devo essere stato piuttosto preso ultimamente.

«L'hanno arrestata.»

L'hanno arrestata. Mah. Non mi pare granché come rivelazione. Non mi sconvolge. Recentemente le manette sono diventate il gioiello più diffuso nel giro che frequento. Ma forse è colpa mia, se non mi sorprendo. Sono ancora confuso.

«Ma mi sentite, avvocato?» chiede Gennaro, anche se più che una richiesta è una domanda retorica: è chiaro che non lo sento.

«Sì, Genna'. Però scusami, mo' mi sto svegliando. Ti

posso richiamare tra un po'? Mi faccio una doccia, una colazione...»

«Hanno arrestato *Rosaria.*»

Meglio del caffè. E della doccia. Di un caffè sotto la doccia. La frase ha l'effetto di svegliarmi in un battibaleno. Scatto in piedi, arzillo come un diesel che per magia è passato alla super, 99 ottani. Accendo la tivvù mentre mi scuso con lui. Metto Sky Tg24, là danno le notizie in loop tutto il giorno.

Infatti basta aspettare la striscia sotto il banco della conduttrice per capire che Gennaro ha detto la verità. Stamattina è stata riarrestata Rosaria Landi, già ai domiciliari per favoreggiamento durante le molestie di Caronte nei confronti delle figlie. È indagata per l'omicidio volontario di Antonio.

«Vediamoci subito» gli dico. Ragiono. «In questura.» E chiudo.

Mi vesto in un lampo. Guardo lo sfacelo di casa mia e formulo promesse all'aria. «Giuro che stasera metto a posto» dichiaro, come un fioretto in riconoscenza per quella notizia clamorosa.

Negli ultimi giorni, d'accordo con Gennaro, avevo fatto di tutto per far riaprire il caso del piccolo. Avevamo consegnato la registrazione delle rivelazioni di Immacolata Caronte alle forze dell'ordine e dichiarato ai giornali che non era affatto una storia chiusa. Ci eravamo spinti a chiedere la riesumazione del corpo di Antonio. E non era stato facile. Gennaro ha mostrato tutto il coraggio che in questi anni teneva represso.

Mentre sono in Vespa chiamo un amico, un dirigente della polizia, Luciano, giocavamo a pallone insieme da ragazzi. Quando arrivo, Gennaro è già davanti al palazzo della questura. Come ci sarà riuscito? Mi pare che mezzi non ne abbia e il treno da Caivano passa giusto quando ha voglia il conducente. Mah. Per giunta ha l'aria più solida, chiuso nel suo bomberino primaverile, come se fosse rinfrancato. E lo capisco: le cose che sapeva, che sentiva dentro di sé, adesso hanno trovato una sanzione ufficiale. Entriamo per andare da Luciano, al secondo piano. Lui è proprio fuori dalla sua stanza.

«Vieni, Angelo. Ci chiamiamo i caffè.»

Faccio le presentazioni di rito.

«Allora, sai qualcosa?» chiedo a Luciano mentre ci sediamo.

«Di nuovo ho questo» fa, e mi mette un mucchio di carte sotto il naso.

REATI SESSUALI SUI MINORI, c'è scritto sulla cartellina. La mostro a Gennaro.

È un documento molto prezioso per Gennaro e me. In pratica, noi vogliamo capire fino a che punto si spingono le similitudini con la morte di Fortuna. Se, insomma, anche Antonio veniva abusato. Ma adesso che guardo i fogli penso che la pista della pedofilia sia già più di un'ipotesi: il fascicolo relativo alla morte di Antonio (in un primo tempo archiviata come «incidente domestico») è all'attenzione del pool giudiziario che si occupa degli abusi sui minori. Se così fosse, siamo davvero di fronte a una rete. Un'organizzazione micidiale che traffica con i corpi dei bambini.

«E c'è qualche dettaglio... folcloristico» aggiunge Luciano.

Non c'è niente di sarcastico, però, nella sua voce. Mentre pronuncia quelle parole assume un'espressione amareggiata.

«Ovvero?»

Fa passare qualche secondo, alternando lo sguardo su me e su Gennaro. Su di lui si ferma un po' di più, vuole essere sicuro che sia dell'animo confacente. Che tatto.

«Se li giocavano a carte, Angelo.»

Guardo Gennaro. Lui serra gli occhi.

«Come?!» Sono fuori di me.

«Lo abbiamo saputo dalle intercettazioni» fa Luciano. «Giocavano a tressette e promettevano in pegno una "fidanzatina" o un "fidanzatino". Capito?»

«Ma chi è che faceva 'ste porcherie?»

«Gente del palazzo.»

Merde. Ecco perché nessuno parla. Merde.

«Che schifo» osservo solo.

Gennaro si alza in piedi. Si affaccia alla finestra. Resta zitto. Da lui non temo reazioni violente, ma è distrutto.

«Vediamo che succede in tribunale» commento, alzandomi.

Ringraziamo Luciano e usciamo.

39
Il giorno dei papà

I cimiteri sono posti incredibili. Per noi sono quasi una presenza ovvia, eppure fino a neanche duecento anni fa non erano così scontati. Hanno rappresentato una conquista dell'umanità. Fino a tutto il Settecento i morti venivano seppelliti nelle chiese o in cappelle private, se erano stati ricchi in vita. Il resto delle persone finiva in malsane fosse comuni, alimentando epidemie. Solo con la Rivoluzione francese e con Napoleone iniziò a diffondersi la pratica di collocare i defunti in spazi appositi. Scelta laica, da una parte, ma anche d'intensa, democratica spiritualità. Anche i poveri, da quell'epoca, avrebbero avuto un luogo dove piangere sulle tombe dei cari.

I cimiteri di paese sono così diversi da quelli, enormi, di Napoli. Si coglie meglio il senso del raccoglimento. In città, su quella collina sterminata, ci si perde inevitabilmente tra centinaia di migliaia di lapidi. Entrano auto, ci sono parcheggiatori, fiorai e piccoli racket. Il famoso business del «caro estinto». Il dolore sembra indifferenziato. Qui no, qui dove mi trovo adesso c'è un po' di vento e molto silenzio.

Ho fortemente voluto essere qui oggi, 5 maggio 2016,

nel piccolo cimitero di Caivano, nella giornata mondiale contro la pedofilia. Le giornate «consacrate a» di solito non mi convincono. Hanno troppo di istituzionale, si riducono a riti inutili e da domani di nuovo come prima. Invece, sarà che mi sento immerso fino al collo nella triste storia dei due bimbi uccisi, questa giornata la sento molto. Ne ritrovo il senso.

E ho voluto trascinare con me Gennaro e Pietro. I due papà. Li vedo, adesso, poco lontano, camminare insieme, il colosso e l'uccellino. Pietro, quello grosso, ha messo un braccio attorno alle spalle di Gennaro e ora procedono fianco a fianco.

Fanno tenerezza. Hanno perso i loro bambini avendo goduto pochissimo dei loro sorrisi. Pietro è stato a lungo in galera, a Gennaro invece non è stato permesso di vedere il suo piccolo praticamente mai. Ricattato persino al funerale. È la prima volta, infatti, che si reca sulla tomba di Antonio. Ora che non ha più paura. Li guardo, spaesati, in mezzo alle poche telecamere che ci hanno seguiti qua dentro. Anche i fotografi sembrano rispettare il loro dolore.

Li raggiungo. Le due tombe sono vicine. Tra noi tre c'è un legame, ormai, che non c'entra nulla con il lavoro. Stiamo in silenzio per qualche minuto. Guardiamo le foto dei due bambini. Antonio, l'angelo. Il suo viso spaurito sembra emani luce. Fortuna, la principessa. Il suo sorriso ha qualcosa di divino.

(*Lasciate che i piccoli vengano a me.*)

Sono sicuro che se Dio c'è ora gli stanno in braccio. Non hanno conosciuto tutto il male che li circondava, ma una buona fetta sì.

(*Qualunque cosa avete fatto a questi piccoli lo avete fatto a me.*)

Mi rimbombano in testa le parole di Gesù. Spero tu ci sia, Gesù.

(*Chiunque diventerà piccolo come questo bambino, sarà il più grande nel regno dei cieli.*)

Ma sì che ci sei.

Ora stiamo piangendo, tutti e tre. All'unisono, senza esserci guardati. Ci stringiamo in un abbraccio. Questo mi ripaga di tutto il male cui stiamo assistendo da un po' di tempo.

«Ok, basta lacrime, siamo uomini» proclamo, sorridendo, al resto della compagnia. C'incamminiamo verso l'uscita.

Piangere fa bene, ora siamo più rilassati. Pietro è il più pagliaccio e trova pure il tempo di sparare battute.

«Mi fa piacere aver visto il sindaco» ironizza. «L'ho trovato in forma.»

Delle istituzioni non c'è nessuno. Comune, Regione, figuriamoci il governo. Zero. La cosa m'irrita.

«Tu scherzi, ma è grave. E che miseria» intervengo.

«Vabbè, avvocato, che ci volete fare. Avranno avuto molti impegni» fa Gennaro.

«Questo dovrebbero fare. Persino Mattarella lo ha detto» rispondo.

Pietro si ferma. «Oh, ma l'avete visto? Per la prima volta mi sembrava davvero incazzato.»

Ridacchiamo.

«Almeno si è esposto. Ha parlato d'indifferenza, ha chiamato in causa la scuola. È questo il problema: neanche dopo questi tre anni assurdi esiste una mobilitazione permanente. Eppure lo abbiamo dimostrato: se si mette in moto la società civile con i suoi strumenti, dalla stampa alla giustizia, i risultati si ottengono» continuo, rammaricato.

«Sì, la stampa» commenta, laconico, Gennaro.

Capiamo al volo a cosa si riferisce. Ieri sera in una trasmissione del cavolo un famoso giornalista del cavolo ha esternato cose vomitevoli su Fortuna.

«Non avevo mai visto una bambina pettinata e conciata in quel modo» ha dichiarato in diretta nazionale.

Pietro ancora ribolle di rabbia.

«Ma non voglio suggerire» aveva continuato quel Solone «che il suo aspetto abbia potuto sollecitare il pedofilo che l'ha uccisa.»

E allora che lo dici a fare?

«Solo per argomentare che se una bambina di sei anni si atteggia come se ne avesse diciotto si sono persi un po' i punti di riferimento.»

Ma va? Che straordinario capolavoro di sociologia. Meno male che lo ha proclamato lui, con il suo acuto *argomentare* – parola che pare colta, parola in sostanza vigliacca, che traveste il dire da tesi di laurea, dunque mentre sostiene mette le mani avanti e non si prende la responsabilità di ciò che afferma –, sennò non ci saremmo mai arrivati che in posti come il Parco Verde si sono «un po' persi i punti di riferimento». Un po', giusto un po'. Lo abbiamo querelato che non era neppure finita la trasmissione.

«Non ci pensiamo più, ragazzi» dico, mentre varchiamo il cancello.

Però, all'uscita, una sorpresa. Ci sono un sacco di persone. Hanno rispettato quello che stavamo facendo e ci hanno aspettato fuori. Gente normale, senza fasce tricolori o alte uniformi. Sono mamme che tornano dalla spesa, vecchietti che per una volta non stanno davanti a un cantiere, ragazzi all'uscita delle scuole. Ci guardano, sorridono. E fanno partire un lungo, bellissimo applauso.

40
In tribunale

«Omertosa indifferenza e colpevole connivenza» tuona il pubblico ministero.

L'atmosfera, durante la seduta, è molto tesa. Guardo i miei assistiti e mi chiedo se stanno capendo dove siamo arrivati. Stamattina c'era un'aria quasi di festa, sotto il tribunale di Aversa. Sono giunti alla spicciolata: prima Mimma, come una star, assalita dalle telecamere e dai microfoni. Ha riparato nel bar, proprio di fronte all'ingresso del palazzo di giustizia, che è diventato una sorta di nostro quartier generale. Poi Vincenzo e la moglie, piuttosto imbarazzati dal clamore. Lui si è rifiutato categoricamente di parlare ai giornali. L'ho preso per un braccio e trascinato nel bar. Con i cronisti abbiamo trattato io e l'avvocato che difende Mimma, Giuseppe Landolfi. Sergio, che odia i riflettori, è rimasto in studio. Fuori dal bar ho percepito, a un certo punto, un po' di confusione: era arrivato anche Pietro, il casinaro, che alternava frasi sferzanti alla stampa con sfottò verso Mimma. Hanno un bel rapporto, nonostante la separazione. E un legame inscindibile, ormai. E anche se non lo chiamano in nessun modo lo sentono, eccome.

Abbiamo atteso un'oretta tra cornetti e caffè che chiunque voleva offrirci, dagli avvocati-falco ai giornalisti delle grandi testate a caccia di esclusive, «lascia, faccio io», «qua è tutto pagato». Abbiamo ragionato sul da farsi e ci siamo raccomandati la calma. Infine, mi è sbucato da dietro, pressoché invisibile, con il caratteristico digrignare di denti e labbra, minuto, nel suo atteggiamento di pudore permanente, Gennaro. Ci sono persone che riescono a scomparire anche in momenti del genere. Gennaro è uno di questi. Poteva anche non venire: l'indagine che riguarda la morte del figlio è ancora all'inizio.

«Solidarietà» ha sussurrato. «E poi ora ho il coraggio di guardare quei due.»

Sarebbe stata la prima volta, dopo l'arresto, che Mimma, Pietro e Gennaro avrebbero visto le due persone accusate di aver tolto la vita ai loro figli. Protetti da guardie e vetro della camera di sicurezza, certo, ma sempre a un tiro di schioppo.

Guardo loro, adesso. Rosaria e Mario. I «mostri». I tribunali hanno questo, di surreale: mettono a contatto strettissimo accusatori e accusati. In certi casi, quando il delitto che viene imputato è grave, e questo è uno di quei casi, il paradosso suona ancora più pesante. A tre metri c'è quello che avrebbe ucciso mio figlio, e perché ora non dovrei rompergli la testa? Perché, in mezzo, in quei tre metri che però sono chilometri, c'è la giustizia.

Ma queste cose Mimma non le sa. Non le può sapere. Appena entrano la Landi e Caronte scatta in piedi.

«Dovete morire! Deve capitare ai figli vostri quello che avete fatto capitare ai miei!»

Il giudice richiama l'aula all'ordine in modo molto energico. Vincenzo e io la calmiamo, la madre le fa una classica *ceriata*, il rimprovero muto delle mamme napoletane, espresso solo con un'occhiataccia.

«Dai, vuoi passare un guaio?» le bisbiglia l'avvocato Landolfi.

«E che m'importa? Il guaio l'ho passato quando ho perso Chicca» ribatte Mimma. «Non sento più niente.»

L'ordine viene ristabilito. I due imputati non hanno battuto ciglio, all'uscita di Mimma. Caronte è il primo ad accomodarsi nella cella a vetri. I poliziotti fanno entrare anche Rosaria che pare completamente assente. Ma, appena lei è dentro, lui la assale con parole e gesti convulsi. Lei lo fissa, senza reagire. La tirano fuori, viene posizionata su una sedia fuori dalla cella. E, dalla sua assenza, lo guarda di nuovo. Inizia il dibattimento, con la requisitoria del pm Airoma:

> [...] la scarpina destra di Fortuna sarebbe stata occultata da una signora all'ottavo piano del palazzo in cui viveva la piccola. La stessa che negò di aver visto qualcuno sul pianerottolo poco prima della caduta della bambina. E così gli adulti ostacolavano le indagini, in un clima di promiscua opacità, consumato tra omertosa indifferenza e colpevole connivenza [...]

Omertosa indifferenza e colpevole connivenza. Sono le parole esatte. Eppure vorrei capire quanti al Parco Verde sapevano di essere omertosamente indifferenti se non colpevolmente conniventi. Il guaio è che là così si campa: ogni donna ha figli con tre persone del palazzo, ognuno è imparentato per vie dirette o traverse con gli altri. Una casbah metropolitana dove i miseri interessi di tutti sono legati da un filo che se viene rotto sono guai: saltano i pochi spiccioli per il contrabbando di sigarette, la vendita di droghe e compagnia brutta.

«Ma dove gli adulti ostacolavano, i bambini hanno permesso una svolta» conclude il pm.

Brusio in aula. Ora è il momento di Chiara, la prima figlia della Landi. Verrà ascoltata in modalità protetta: la piccola è in una stanza con la psicologa, una camera addobbata con giocattoli e quaderni per farla sentire a suo agio, ed è in collegamento attivo solo con il giudice. La legge prevede che le prove raccolte dal pubblico ministero siano dichiarate davanti al magistrato. Anzi, finché non vengono messe agli atti non sono neanche prove.

Quindi ascolto, ancora una volta, le terribili verità che Chiara racconta: l'arrivo di Chicca, la storia delle scarpe, l'orrenda scena del balcone e il volo. Silenzio in aula, è il caso di dirlo. Ma più che silenzio c'è una vera e propria coltre di gelo. Non so dove guardare. Mimma che è livida in volto, Pietro che affonda il viso tra le mani, Vincenzo che fissa a terra come durante un funerale. Chi guardo? Loro, i «mostri»? Caronte che scuote la testa o Rosaria che pare impassibile? Ma no, non guardo più nessuno. Sono perso in quel resoconto fatto da una bimba che alla sua età dovrebbe parlare solo dell'ultimo cantante di cui si è innamorata, dei vestiti per la festa, dei primi «inciuci» tra amichette. La sua voce limpida e chiara che in quel momento perde definitivamente l'età dell'innocenza arriva come da una fiaba nera. Consumatasi il 24 giugno 2014, alle 11.30. Un giorno caldo, molto caldo.

Poi il racconto arriva a un punto che nella registrazione che ascoltai nello studio della psicologa non c'era.

«Ma lui a te come ti trattava?» chiede la psicologa.

«Mi violentava» risponde la bambina.

Ora l'aula è il regno dello sgomento.

«È mai capitato» prosegue la dottoressa, «in una di queste volte che siete rimasti soli, in cui succedevano queste cose, come dici tu, quando ti violentava, di avere parlato della vicenda di Chicca?»

«Sì, quando a me mi violentava» risponde Chiara «diceva: "Sì, sono stato io, l'ho violentata e l'ho uccisa".»

«Chi?» chiede la psicologa.

«A Chicca.»

Poi aggiunge una cosa.

«Perciò mi stavo, tenevo paura che uccideva pure me.»

Caronte usava il suo «precedente» come ricatto verso le figlie della compagna. Lui, mentre la bimba parla, è tutto rosso in viso e ha smesso di dondolare il capo. La Landi è sempre come la sfinge. Incredibile. Una madre che sente tutto ciò e non reagisce? È là che mi metto a ragionare su un fatto. Una cosa che mi pare di aver sempre immaginato, ma che non ho mai avuto il cuore di portare avanti.

Dopo, quando scendiamo ed è tutta una bolgia di giornalisti che chiedono, con Mimma che asserisce: «Da una parte sono contenta perché sto avendo giustizia, dall'altra dico che quei due devono marcire in carcere perché hanno ammazzato mia figlia» e: «Ho sempre saputo chi è stato a uccidere Fortuna. Ho atteso che qualcuno venisse da me, ma niente. Qui però c'è omertà, anche oggi» e Pietro che esterna: «Volevo guardarli in faccia per capire perché lo hanno fatto», mentre il pubblico ministero dichiara: «Da questa indagine emerge un quadro che ci preoccupa molto, un contesto in cui l'infanzia non è tutelata. Le istituzioni devono farsene carico, la scuola, il Comune, l'Asl e i servizi sociali» ed è tutto un fluire di affermazioni, botte e risposte, inseguimenti per un titolo e offerte di difesa, nel frattempo io me ne sto da solo a riflettere su quella cosa che mi è balzata tutto a un tratto in testa durante il dibattimento.

Mi hanno inchiodato due elementi. Il primo, il dato climatico. Il secondo, quello emotivo. Quel giorno faceva un caldo bestiale. Non ci avevo mai pensato, ma in un posto come Caivano, nell'entroterra, in mezzo a quei palazzoni, a fine giugno non passa un filo d'aria.

«Mi metto sempre qui a prendere l'aria. Vedete, qui ne passa un poco» aveva spiegato Carmen Belato agli intervistatori.

Il 24 giugno a mezzogiorno faceva caldissimo e la pavimentazione del terrazzo è di pece che diventa bollente. Io credo che nemmeno una belva come Caronte potesse consumare la sua violenza là, in pieno sole. Nel momento in cui è all'apice, quello più caldo della giornata.

E poi, la reazione della Landi. La sua espressione quando Caronte le si è scaraventato contro. Mentre lui la accusava, lei lo guardava ipnotizzata. Come una... innamorata. Perversamente, sicuro, ma innamorata.

Chiara non dice di aver visto Caronte lanciare Chicca dal palazzo. Afferma invece che il giorno dell'omicidio vide l'uomo portare Chicca sul terrazzo del condominio per abusarne. Caronte è un pedofilo e i pedofili non hanno alcun interesse a uccidere le loro prede, soprattutto se godono di copertura in famiglia: e la compagna di Momò, «Rosaria '*a pazza*» come la chiamano tutti al Parco Verde, perché quando ti guardava sembrava perduta chissà dove e assumeva neurolettici, non proteggeva nemmeno le figlie dalla condotta atroce del compagno e non avrebbe mai parlato di quello che lui faceva a Fortuna.

Dal punto di vista psicologico, è coerente che sia stata la Landi a uccidere anche Fortuna, ragiono. È una psicotica, una donna che confonde sogno e realtà. Ha eliminato il piccolo Antonio perché era d'intralcio alla relazione che voleva instaurare con Mario Caronte. E ha verosimilmente ucciso Fortuna perché Caronte le stava sempre addosso, era diventata una concorrente.

Caronte è un orco e merita il massimo della pena per le violenze sessuali: ma, forse, non per la morte di Chicca. La Landi e Caronte avevano implicitamente concordato il silenzio: lui sul fatto che Rosaria aveva spinto dalla finestra il figlio Antonio (e poi Fortuna?), lei sulle violenze sessuali alle piccole. Un quadro infernale.

Lascio l'entrata del palazzo di giustizia. Non ce la facevo più, perso tra i miei pensieri quando tutto intorno esplodeva di flash.

Perché c'è anche la storia di Antonio, mi dico ancora, mentre finalmente sono in auto. Antonio. Antonio e Fortuna. I due bimbi che sono legati da una vicenda morbosa, folle, una schifosa storia di grandi. Di una cosa sono sicuro: per ora abbiamo scoperto alcune cose, ma non tutto. Per niente. E se risolviamo anche il caso di Antonio verrà fuori altro su Fortuna, e viceversa.

41

Oltre il muro

Da qualche parte ho letto che le fobie, come la claustrofobia, l'angoscia di volare, il terrore delle altezze, sono spesso riconducibili a dei traumi di altra natura che, in qualche modo, la nostra psiche rielabora e restituisce in forma di paure. Disturbi, a volte momentanei, che hanno una radice ignota. La persona traumatizzata molto spesso non sa di esserlo, ma anche quando ne è consapevole difficilmente associa i suoi disturbi all'evento traumatizzante.

A volte insorge in casi di stress. Il disturbo post-traumatico da stress transitorio può colpire soggetti di qualunque età che abbiano vissuto un evento traumatico, o che vi abbiano assistito, che ha implicato un rischio per l'integrità fisica o per la vita, propria o di altre persone. Affinché si sviluppi non è indispensabile che la situazione sperimentata sia stata effettivamente catastrofica (come una guerra, un incidente aereo, un grave incendio o una calamità naturale devastante), ma che la persona coinvolta l'abbia percepita come tale. Entro certi limiti, quindi, la probabilità che s'instauri il disturbo non dipende solamente dal tipo di evento vissuto, ma anche dal profilo psicoemotivo e da fattori di vulnerabilità individuali della persona interessata.

Il sintomo cardine per la diagnosi di disturbo post-traumatico da stress è la «riesperienza del trauma», che consiste in un insieme di ricordi e sensazioni così intensi e realistici da dare al paziente la netta impressione di rivivere il momento «catastrofico». La sua manifestazione più estrema e coinvolgente è il flashback. Non si tratta di un'allucinazione, poiché la persona interessata è cosciente di non essere nel luogo e nel momento già vissuto, ma gli elementi che stimolano il ricordo e le sensazioni che ne derivano sono esattamente sovrapponibili a quelli originali. La riesperienza del trauma può verificarsi in qualunque momento: di solito compare con maggior probabilità quando la persona si trova in situazioni che ricordano l'accaduto, ma spesso si manifesta anche in circostanze insospettabili. L'elemento scatenante può essere anche soltanto un ricordo, un odore o un suono. Pure un colpo d'occhio.

Per questo, dopo il tribunale, ho voluto venire qui. Dove è iniziato tutto. Volevo capire cosa stava succedendo in me. Parcheggio sotto la palazzina 3.

In questi due anni è successo di tutto. Morte, violenza, omertà. Silenzio, paura, minacce. Ho assistito a un campionario del brutto praticamente completo. Siamo partiti dal nulla ed è stato difficile riuscire a farsi strada. Però qualcosa si è sbloccato, a un certo punto, ed è emersa la forza dei fatti. Certo, resta il sospetto che quanto sta accadendo sul piano processuale sia solo parziale e rischi di risultare monco. Temo si voglia dare in pasto all'opinione pubblica l'idea di missione compiuta, tralasciando aspetti che potrebbero essere determinanti. Spesso succede così: l'ansia di offrire delle risposte e l'assenza di iniziativa ulteriore. Pigrizia o timore di scoperchiare il peggio. Oppure, una sorta di autoconvincimento. Mi viene in mente quando mi si blocca la caldaia e provo a farla ripartire, ma sono negato per queste cose. Dopo vari tentativi, metto la mano sotto l'acqua e cerco di persuadermi che non sia più ghiacciata. Lo è ancora, ma a un certo punto mi pare davvero di sentirla calda.

L'ascensore è occupato. Salgo le scale, vedo di nuovo le scritte sui muri. Qui non funziona niente. Le ringhiere sono arrugginite e rotte in molti punti, le finestre di ferro scrostate e pericolanti.

Una cosa che mi ha colpito è stata la resurrezione morale di alcuni protagonisti della vicenda. Ho visto Mimma reagire da belva ferita e sprigionare una forza di volontà immane. I suoi genitori riprendere a sorridere e occuparsi della famiglia straziata. Ho visto Gennaro ritrovare il coraggio, Pietro provare la voglia di lasciare l'illegalità. Quando finalmente senti che la legge non è solo persecuzione, ma può riscattare i torti subiti, quando assisti alla faticosa, ma, alla lunga, efficiente dinamica che la cosiddetta società civile, o almeno quella che noi ci ostiniamo a considerare tale, con i suoi riti, i suoi «pesi e contrappesi», riesce a mettere in piedi, puoi provare a cambiare. Puoi sperare. E non è poco, al Parco Verde.

Ecco che questo sfortunato fabbricato si srotola sotto la mia vista. Una volta, tutto intorno, c'era la Campania Felix. Per secoli una terra beata. Prati, campi, masserie e boschetti. La terra più fertile d'Europa, nata dalla combinazione di lave vulcaniche, vicinanza al mare, ricchezza d'acqua ed esposizione al sole. I prodotti migliori, una diffusa ricchezza facile, accessibile anche ai poveri.

Poi, dopo la guerra, hanno iniziato a costruire. Ovunque. Cemento e amianto. Sovrappopolazione, affari. La malavita ha lavorato mentre lo Stato dormiva, o faceva finta. Il terremoto ha dato la mazzata finale, favorendo una vera e propria ghettizzazione programmata, micidiale, a cui si è aggiunta la deportazione in massa dei meno abbienti in arrivo dalle periferie della città. È cruciale l'aggregato sociale: quasi tutti quelli che ora abitano a Caivano non ne sono originari.

E si sono trovati sbalzati qui, nel nulla. Una spianata interna in cui svettano casermoni grigi. I ragazzi, qui, crescono senza la normale dotazione estetica di cui gode gran parte della regione. E senza tutto ciò che ne deriva. In pratica, qui manca la voglia di venirci e, con questa, la diversità. La gente con il suo rumore, la luce, i soldi che fa girare. Qui di negozi neanche l'ombra. E fossero solo i negozi: né un locale né altri punti di aggregazione. Di bellezza. I bambini di qua manco sanno cos'è la bellezza.

Perché poi, alla fine, si fa tutto per i bambini. E, se non accade questo, lo si fa contro. In questa storia è troppo facile dire che le vittime sono loro: alla lunga se ne sono rivelati pure gli eroi. Ma a quale prezzo? Circoscrivere entro i pur orridi confini della pedofilia la tragedia di questi bambini non renderebbe probabilmente piena giustizia alla loro memoria. Dietro queste morti c'è ben altro. C'è l'infima, estrema cerchia di un indotto camorristico che si regge anche sui sussidi di disabilità dei minori affidati ai servizi sociali. E, quando questo non basta, vende i loro corpi per quattro soldi, nel silenzio connivente di padri, madri e familiari stretti, abituati alle regole dell'omertà e giunti ora al punto di violare qualsiasi legge naturale, sia essa umana o animale, dando vita a una generazione di venti-trentenni a rischio di devianza genetica, fino a qualche anno fa inimmaginabile anche negli stessi contesti della criminalità organizzata. Fortuna, Antonio. Ho scoperto che nel 2005 anche un altro bambino, Andrea, di otto anni, sempre qui al Parco Verde, volò da uno di questi maledetti ballatoi.

Ecco, ci sono. Il punto da dove è iniziato tutto. Ce l'ho davanti. Il muretto, quello a cui non sono riuscito ad avvicinarmi negli ultimi due anni. Quello che mi ha inoculato una strana paura dell'altezza, del vuoto. In latino il baratro si chiama *orridus*. Sarà un caso. Ma adesso, dopo che ho iniziato ad avere qualche risposta all'impegno messo in campo, mi sento stranamente più sereno. Mi sporgo. Niente. Mi pare di non avere più paura. Fisso il pavimento da otto piani d'altezza, e ancora niente. Nessuna vertigine. Forse sono guarito. Forse.

Mi squilla il telefono.

«Sì» rispondo, ancora distratto dalla mia personalissima prova di coraggio.

«Avvocato Pisani?» fa la voce di una donna.

«Eccomi.»

«Chiamo da Caivano» afferma. «La contatto per un'emergenza.»

«Che succede? Chi è lei?» chiedo.

«Sono una maestra. Dovrebbe venire subito qui. Una storia di bambini.»

Epilogo

42
Agosto (2023)

La chiamavano Polly. Amici e parenti, poi i suoi clienti. Polly. Il suo vero nome era Mary Ann, e il cognome Nichols, cosa potesse entrarci Polly lo sa solo Dio. Che nella sua vita si dimostrò poco, forse era distratto, se non assente. Dato che lei cadde nelle mani del demonio.

L'esistenza di Polly fu una carrellata di disgrazie, passi falsi, errori e pene, infine di sciagure. Figlia di persone povere, il padre era un fabbro, un umile artigiano di periferia mentre nasceva, a fine Ottocento, la grande industria e i denari si facevano in altri modi. Come molte ragazze dell'epoca, e come ancora succede oggi nei Paesi poveri, fu costretta a sposarsi presto, prestissimo, a sedici anni. Sfornò uno dopo l'altro cinque figli, ma col marito non le andò bene. Era, come sbagliarsi?, violento e ubriacone; non le restava che allontanarsi da quel despota manesco.

Ma senza i pochi soldi che l'uomo portava a casa era dura, e per tirare su i figli qualcosa doveva inventarsi. Le servivano anche perché il maritino le aveva trasmesso un bel vizio, quello dell'alcol: lo svago di chi non ha niente, il passatempo a poco prezzo delle classi del primo proleta-

riato occidentale, in quegli inferni che erano le zone industrializzate nello scorcio di Diciannovesimo secolo che Polly attraversava.

Fu all'inizio degli anni Ottanta che il tunnel in cui era finita Polly, lavori precari e bevute, baracche sporche e nessun affetto, si fece ancora più buio. Buio come la galera. Al servizio da cameriera presso famiglie ricche, più volte fu sorpresa a rubare. A rubacchiare, come un topino con la crosta del formaggio, per rosicchiare due spicci utili ai bambini e al suo viziaccio maledetto. Ma, come si dice, piove sul bagnato, e le gocce pesanti e fetide le schiusero le porte della prigione.

Quando usciva dai soggiorni in gattabuia le restava poco. Donna, madre, sola, in un periodo e in un luogo feroci. Col demone della bottiglia sempre in agguato, ad aprire le file di spettri che l'avrebbero riguardata. Le restava il suo corpo. Malandato, afflitto da acciacchi già in giovane età, eppure unica risorsa: quello aveva e quello prese a vendere. Sistemati i figli in istituti di carità o alle bande di giovani criminali, Polly prese in affitto una stanzetta insieme ad altre sventurate come lei e si diede al traffico di se stessa dalle parti di Whitechapel, nella Londra più povera e abbietta, nell'East End contraddistinto da lamiere e fumi di fabbrica, stridii di macchinari e sbuffi di olio, fuliggine, pioggia, smog. E dire che quel posto una volta era un piccolo Eden. Una campagna amena e dolce che a primavera fioriva come in un sogno, tanto bello e armonioso che qualche secolo prima nella contrada fu eretta una piccola cappella bianca, la stessa che diede il nome al luogo che da paradiso si fece inferno. Chiesetta bianca suona davvero una beffa, per il girone che era diventato.

Dalla metà del secolo era anche un'area piuttosto frequentata da un popolo di bohémien, artisti e teste gloriose, pittori senza un soldo e nomadi, truffatori e ideologi, tanto che persino Carl Marx e Giuseppe Mazzini finirono per prenderlo, temporaneamente, come residenza, trovando nel nugolo di umanità alla deriva conferme ai loro convincimenti che presto sarebbero passati alla storia. Dove c'è tanta gente si annida il peccato: brulicante di fame e passioni, Whitechapel, la campagna della chiesa linda e pura, si ritrovò un'altra fama, quella di bordello a cielo aperto, un lupanare a buon mercato.

Polly era tra le più convenienti. Bastava una monetina, un pasto, o meglio un bel boccale di birra, due dita di whisky per averla. «Non ho più soldi, andiamo da Polly che qualcosa la sgancia sempre» si dicevano operai e ladri, attori senza contratto e, forse, pure qualche pensatore di passaggio.

A Londra il tempo fa sempre schifo. Fa schifo e paura. Anche se è agosto: e così la notte tra il 30 e il 31 del mese, una sera fredda e piovosa, tra i clienti in cerca di sfogo alle proprie smanie ne arrivò uno un po' speciale. Polly stava quasi per tornare a casa, pensava di togliersi dai marciapiedi perché era davvero proibitivo starsene in giro, in quella nottataccia di fine agosto. Ma controllò nelle tasche e non c'era niente. Neanche uno spiccio per comprare il pane, quelli guadagnati finora già se li era bevuti: poteva mai chiedere un prestito o mettere la spesa sul conto? Quando era già subissata di debiti con qualunque esercente di Whitechapel? A chi, poi, avrebbe potuto chiedere soldi? Alle sue compagne di sventura, al padrone di casa cui doveva mesi di pigione arretrata? Fu così che accettò un ultimo turno, quando la notte era già consumata da tempo e a breve l'aurora avrebbe fatto la sua pallida comparsa, tra le nubi gonfie di acqua e cattivi presagi.

Chissà se fu lei ad accostarsi all'uomo o lui che le si avvicinò. Molto probabilmente fu Polly: era un tipo interessante, alto, distinto, proprio il bocconcino giusto, un tizio con la grana. Doveva averne parecchia se poteva permettersi quel mantello costoso, un cilindro tanto buono e dei guanti così, neri, di pelle, bellissimi, come appena usciti dalla conceria. «Starà tornando a casa dopo una notte al tavolo da gioco» pensò Polly. «Forse potrò chiedergli addirittura una sterlina, e se sono brava, se ha vinto, se per una volta la sorte mi assiste, mi darà una mancia» si ingolosì la povera donna.

Altro che sorriso del destino, non poteva immaginare cosa la aspettava. Mentre lei fantasticava su qualche moneta tintinnante, buona per comprarsi verdure e un tozzo di pane, e magari aggiungerci un cicchetto, non sapeva che si stava per consegnare nelle mani di un mostro. Dotato di coltello e freddezza, neanche si erano appartati che le saltò addosso per colpire: staffilate precise, professionali, da killer consumato. E pensare che era la prima volta, per lui. E Polly la sua prima vittima. La prima di una lunga serie, il primo fiotto di una scia di sangue infinita. La stessa che consegnò entrambi alla storia, quella in cui Marx e Mazzini sarebbero finiti per ben altri motivi.

All'alba del 31 due carrettieri si fermarono, scorgendo il corpo di Polly a terra. Immerso nel sangue della donna, era ancora caldo: il coroner della polizia, sopraggiunto poco dopo, disse che l'assassinio era avvenuto da neanche un'ora.

Era da pochissimo che Jack lo squartatore aveva iniziato a uccidere.

43
I ritorni

«Si parte?»

«Sììì.»

È tornata l'estate. Quante volte capita che le cose tornino, ma non come l'estate, che torna sempre, pure se a un certo punto non ci speravi più. Capita che tornino proprio quando meno te l'aspetti. Tornano persone e fatti. Tornano amici che si credevano perduti, ed è spesso una soddisfazione, tornano donne che abbiamo amato, e non lo è quasi mai, tornano momenti ma forse è solo un'illusione, persino gli scudetti tornano, come quest'anno, ed è gioia pura, uguale alla prima volta.

Sono tifoso come pochi altri, anzi, sono un *patuto*, li chiamiamo così dalle nostre parti i tifosi del mio calibro, i supporter sfegatati del Napoli. Un termine che riassume passione, patimento, patologia, io ci metto anche pazienza e appassimento, tutto sommato la radice dovrebbe essere la stessa. Comunque qualcosa che sta tra la malattia e l'amore. E per ogni tifoso azzurro il 2023 è stato un anno speciale, siamo tornati campioni. Roba da farti star bene per un bel po', quantomeno uno di quegli eventi in grado di connotare un'annata come speciale, meravigliosa, storica.

E invece.

È agosto, le magie di Osimhen e Kvaratskhelia, seppur alle spalle, sono ancora negli occhi di tutti i napoletani, quando mi preparo a qualche giorno di vacanza. Se sia o meno meritata non devo dirlo io, sta di fatto che quest'anno ho messo insieme un bel po' di lavoro e parecchio extra, sempre attività legate al Napoli, dato che come avvocato di Diego Armando Maradona – che ci ha lasciati tre anni fa – sono stato coinvolto nel campionato e nella festa come un simbolo, quasi fossi il suo ambasciatore.

Ad agosto però ci vuole una tregua e come ogni anno penso che mi rifugerò nell'adorato Cilento. Cosa rappresenta per me quella terra è difficile dirlo, ma è facile amarla: ci vado da quando ero piccolo, è la famiglia, sono i miei fratelli, i primi amori, le amicizie che ogni anno si ripresentano, i cambiamenti evidenti e quelli sotterranei, è stop ai pensieri, è sole, è mare, per me il mare è solo quello delle coste di Acciaroli e Casal Velino, Ascea e Palinuro, gli altri hanno sempre qualcosa in meno. Al di là delle preferenze personali, il Cilento qualcosa di assoluto lo ha. È Grecia, praticamente. Non fatico a credere che due millenni e mezzo fa i navigatori ellenici ci abbiano visto casa, in questi boschi verdi che precipitano nel mare blu scuro. L'aria del Cilento è immota, leggendaria; non mi sorprenderei, tra una radura e un ruscello, dietro uno scoglio o in una grotta marina, di trovare un fauno, una ninfa, una sirena, una creatura epica e fatata. Cibo semplice e di incredibile pulizia, che non a caso è stato premiato come sintesi ideale della dieta mediterranea, i modi ruvidi e genuini della gente, un microclima che consente di stare freschi d'estate e caldi di inverno, insomma, viva il Cilento, il mio paradiso in terra.

Dunque è un bel momento. Anche perché mi predispongo a partire insieme a un amico, ma uno speciale. Non ne ho ancora parlato, vero?

«Sei pronto, amore?» gli domando, una volta entrati in auto.

«Certo, andiamo!» mi dice, seduto dietro, ingabbiato nel sediolino e nella cintura, al centro, per permettermi di osservarlo durante il viaggio.

Da qualche anno ho con me il migliore degli amici che un uomo può sognare di avere. Si chiama Vincenzo, ha il mio stesso cognome ed è la copia sputata di quando avevo la sua età. Mio figlio. La notizia più bella del mondo, meglio di uno scudetto del Napoli. A lui piace molto andare a mare, come ogni bambino. Non sta nella pelle e io con lui.

«Che bello, guida come un pazzo, pa'!»

Siamo soli, figlio e papà, al mare ci aspettano nonna, zii, cuginetti, una bella truppa di parenti armati di secchielli e costumi. Nella prima parte del viaggio facciamo casino, come ogni padre e figlio che si rispettino. Cantiamo, mangiamo schifezze proibitissime e sporchiamo l'auto, lanciandoci contro giocattoli e cartacce. Ci divertiamo assai. Poi, come da prassi, mi chiede di raccontargli una favola.

«Una storia di mostri» dice.

«Ma mostri buoni o cattivi?» domando.

Ci pensa su.

«Cattivissimi.»

Uh, sapessi quante ne conosco, di storie con i mostri cattivissimi, tesoro mio. No, non mi va di spaventarlo. Opto per un'altra, una che mi ha raccontato un amico, Giovanni.

«C'erano una volta, in un paesino sul mare, due amici. Uno era grosso e moro, Pino, l'altro biondo e magro come te, Rocco.»

Mentre parlo lui si addormenta. Così posso guardarlo. E quando lo guardo, dopo la commozione che non smette di attraversarmi nonostante sia nato da qualche anno, la giostra di emozioni mi porta anche da altre parti. Sì, guardando mio figlio mi capita spesso di pensare ad altri bimbi. Quando vedo la sua spensieratezza, la sua forza, il fatto che sia sano e sorridente, penso a chi ha la sua età e non ha ciò che ha lui. Può capitare, preso da strani languori, piccoli momenti di fragilità, le paure che ha ogni genitore, di pensare al peggio. Penso a chi non è più.

All'epoca lui non c'era ancora. E dopo aver assistito agli orrori cui venivano sottoposti quei bimbi varie volte mi augurai di non averne, di figli. Ma loro, i bimbi, non aspettano inviti; non siamo noi a chiamarli, sono loro a raggiungerci. E così è arrivato Vincenzo. E molte volte ho sovrapposto la sua immagine a quelle dei bambini che in qualche modo ho adottato, anche se nella maniera più surreale e impossibile che si possa immaginare: adottandoli dopo la loro morte.

E mi viene una stretta al cuore, quando accade la sovrapposizione, insieme a certi capogiri, vertigini, già, come succedeva un tempo. Uno come me, che ai due organi, alla testa e al cuore, chiede spesso qualcosa in più, forse troppo, si può rifugiare in pensieri celesti e suggestivi, tipo «Vincenzo è venuto anche per loro», una sorta di reincarnazione, ha i capelli di lei e il sorriso di lui, capita di tutto, nella mente e nei cuori provati. Capita che in lui, nei boccoli d'oro e negli sguardi innocenti del mio piccolo, possa vedere tornare loro due, Chicca e Antonio. Tornano tante cose, dicevo.

Squilla il bluetooth in auto, mentre entriamo nel parco del Cilento. Un trillo liquido e pervadente, un crescendo che suona sempre un po' inquietante, specie quando si è assorti in certi pensieri. Rispondo subito, non voglio che Vincenzo si svegli, e senza sapere chi chiama, in macchina è più difficile controllare chi ci sta cercando.

«Angelo» dice la voce. Di donna.

La riconosco al volo, non ho bisogno di avere conferme dal monitor. Da tempo, nella rubrica dello smartphone, ho tolto la dicitura che le avevo affibbiato all'inizio, anche perché pazza si è dimostrata non essere, e per quanto riguarda il resto, NON RISPONDERE, le ho dovuto rispondere tante volte. È lei, Rosa, la maestra da cui partì tutto.

«Angelo» ripete, dato che ancora non ho fiatato, sorpreso dalla sua telefonata.

Ormai ci diamo del tu, da subito le impedii di usare il mio titolo professionale, quell'«avvocato» con cui mi perseguitano tutti. Da quanto non la sentivo?

«Rosa, come stai» dico girando di poco la testa nell'abitacolo, ritualmente, senza punti interrogativi, osservando i boschi del mio Cilento.

«Dove sei?» chiede senza rispondere alla mia domanda di rito.

«Appena partito» dico. Guardo lo specchietto. «Con Vincenzo.» Osservo di nuovo il panorama, direbbe il cantante «dimostrazione in maniera lampante dell'esistenza di Dio». Monti, alberi, sullo sfondo, dopo una curva, «improvvisamente il mare», direbbe un altro; davanti all'auto, a un centinaio di metri, sfreccia un falco, dopo devo raccontarlo a Vincenzo. «Anzi, siamo praticamente arrivati» aggiungo. «Perché?» Stavolta il punto di domanda ce l'ho messo.

«Madonna, mi dispiace» fa lei.

«Rosa, che succede?»

Il falco fa un giro nel cielo: se avessi a portata di mano un augure, un aruspice, cercherei di capire cosa mi sta suggerendo.

«Angelo, devi venire.»

Mi viene da inchiodare, fortunatamente mi ricordo del mio dolce passeggero e decelero soltanto. Il falco si è fermato nell'aria splendente, io nello specchietto devo somigliare parecchio a una statua classica. Il Cilento fa di questi scherzi, dicevo.

«Spiegami, fammi capire.»

Silenzio. L'abitacolo sembra restringersi. Risaltano solo punti essenziali. C'è Vincenzo che dorme, la natura che brilla, il monitor che recita ROSA, ora lo vedo. Il falco si tuffa a capofitto verso un punto.

«Hanno violentato due bambine.»

44
La piscina

Una piscina, d'estate. Il luogo dove trovare refrigerio, il posto in cui prendere il sole, divertirsi con gli amici tra tuffi e «spruzzi», come chiamavamo gli schiaffi sull'acqua fatti per accecare gli altri. Peccato che qua, a Caivano, la piscina non funzioni da anni, è un triste catino svuotato d'acqua e coperto di rifiuti. Detriti, buste della spazzatura e siringhe. Ma non è tutto. Se qualcuno ci passa di notte può trovarci altro.

Per esempio due bambine.

Semisvestite, in lacrime, con alcuni ragazzi addosso.

Intenti a molestarle.

Loro sono cugine, una da poco ha compiuto dodici anni, l'altra ne ha dieci. I ragazzi di anni ne hanno alcuni in più, tra i quattordici e i diciassette, due sono anche maggiorenni. Da mesi le stuprano. Ripetutamente. Due di loro erano i cosiddetti «fidanzatini» delle bambine, conosciuti su TikTok, gli altri amici a cui i fidanzatini hanno «regalato» le due. Dopo ricatti, terrore e minacce di revenge porn: se non avessero acconsentito alla violenza del branco, i giovani farabutti avrebbero messo in rete i video che mostravano le sequenze. Poi un giorno il fratello di una delle due ha saputo la cosa e ha informato i genitori. Mettendo fine allo schifo, ma non alle sue tremende conseguenze.

«... e questo è quanto» conclude Rosa.

Mi ha raccontato tutto mentre stavo tornando, l'ho richiamata appena entrato in auto.

Ho lasciato Vincenzo alla mia famiglia, non mi sono neanche fermato a bere un caffè, sono ripartito. L'ho solo abbracciato a lungo. Lui non ha protestato, forse era già con la testa ai bagni e i giochi coi cugini. Ma è come se avesse capito. Come se avesse afferrato che, se sono quasi scappato, l'ho fatto anche per lui.

Quando chiudo la chiamata deglutisco a fatica. Non c'è che dire. C'è di tutto, in questa nuova storia. Ci sono molestie e stupri, ricatti e violenze fisiche, oltre che sessuali, c'è l'uso della rete e degli stramaledetti social, video osceni dati in pasto al mare magnum del web. Paura. Inciviltà. Denaro pubblico buttato. Degrado. Schifo. Pianti di bambina, mani addosso, risate del gruppo, lesioni. Orrore purissimo.

La prima cosa a cui penso è la responsabilità del web, rispetto a ciò che è accaduto anni fa, quando la rete non era ancora così pervasiva. In neanche dieci anni è cambiato molto. Sennò sarebbero diventate dei cult, le morti di Antonio e Chicca, qualora fossero state filmate.

Anche il mio scenario di colpo è mutato, pensando che il tempo è volato e ora, dai boschi e i cieli tersi del Cilento sono di nuovo qua, in periferia, tra piloni di cemento e munnezza. Da quanto tempo mancavo? Dagli ultimi momenti del processo sulla morte di Chicca, sono passati vari anni. La mia vita è andata avanti, quella sua e di Antonio si erano fermate molto prima. Speravo, almeno, che quel po' di luce che avevamo acceso potesse servire a qualcosa. E invece no, a niente. È con un senso di sconfitta che arrivo nei rioni dell'orrore e che mi appresto ad avere dettagli di questa nuova fiaba nera.

Rosa mi ha dato il numero della madre di una delle bambine, la chiamo appena arrivo, la raggiungo subito. Abita in un posto diverso dal Parco Verde, in una palazzina. Scende di casa, fuori di sé, giustamente; sua figlia è la più piccola di quelle abusate. In auto arriviamo al centro sportivo abbandonato.

Spicca la piscina olimpionica, chiusa nel 2018. Era stato un inutile tentativo di dare ai giovani del posto un luogo in cui fare sport, un'alternativa ai telefonini, alla droga, alle risse per strada. Accanto c'è un piccolo edificio, è lo spogliatoio. Ci sono nastri attorno, messi inutilmente dalla polizia municipale per non far passare la gente. Figuriamoci.

Dettaglio amaramente ironico: un pannello mette in guardia le donne dalla violenza che potrebbero subire, c'è persino un numero verde da chiamare. Si capisce che c'erano già stati episodi, dunque. Che beffa atroce.

«La prima è stata mia figlia. Dopo aver conosciuto il tipo sui social, lui l'ha invitata a fare un gioco» dice la madre. «Così mi ha raccontato.»

Ci sediamo su una panchina e lei mi spiega cosa ha saputo. Tutto intorno c'è uno scenario paradossale, da fine del mondo, ma è come se non avesse presa su di me che sono assorto nel racconto.

«Lui la contatta su TikTok, le chiede di uscire insieme. E la porta in una casupola abbandonata dove insiste per avere un rapporto sessuale. La bimba, temendo di perderlo, non si nega.» Lei parla, io ascolto con raccapriccio. Qualche giorno dopo la piccola e la cuginetta di dodici anni vanno nella villa comunale, dove incontrano il ragazzo e dei suoi amici. «Lui le chiede ancora la stessa cosa. Le bambine si rifiutano, così vengono strattonate, portate nella stessa casetta, tra insulti e sfottò.» I ragazzi, dice, si impossessano dei loro telefoni, minacciano di dire tutto in giro. Così inizia il nuovo orrore, due di loro violentano le cugine. Succede altre volte, fino a quando le cugine si spostano verso la piscina. «Là si trovano con un altro, il fidanzato della cugina più grande.»

Fidanzato, sì, bel fidanzato. Là trovano altri tre ragazzi. A quel punto il «fidanzato» spinge la grande a terra e la ricatta: se non si fosse prestata a fare sesso, avrebbe fatto vedere sul web e tra conoscenti i filmati degli incontri con gli altri ragazzi.

«Poi strattona anche la piccola, cercando di spogliarla, ma lei lo morde, costringendolo a mollarla.»

Per la piccola purtroppo non è finita: irrompe un nuovo ragazzo, la abbranca, la trascina in una zona lontana dell'impianto e la stupra.

Arrivo alla fine del racconto con le mani sul viso.

Solo dopo, è pomeriggio inoltrato e ha le note già malinconiche dei pomeriggi di agosto, chiamo la mia amica giornalista, Maria Chiara, per darle la notizia. Scrive sempre sul «Mattino», mi sa che ci faranno pagine e pagine su questa storia. Purtroppo.

45
Non solo Caivano

«La carne è carne.»

Sono gli stessi giorni in cui emerge anche altro: in diverse parti d'Italia la furia dei maschi si abbatte sulle ragazze, specie se molto giovani. A Palermo, proprio nella settimana degli orrori di Caivano, viene fuori un'altra storia, riferita più o meno allo stesso periodo degli abusi sulle cuginette.

«La carne è carne» ha detto uno di loro.

Uno che si è detto anche colpevole, pentito, di ciò che aveva commesso. Figuriamoci.

«Se ci penso mi viene lo schifo perché eravamo, ti giuro, cento cani sopra una gatta, una cosa come questa l'avevo vista solo nei video porno. Eravamo troppi.»

Cento cani su una gatta.

«Sinceramente mi sono schifato un poco, ma però che dovevo fare? La carne è carne.»

Sette ragazzi avevano incontrato una donna, giovane, sui diciannove anni, in un bar. Qualcuno la conosceva. Uno di loro ha parlato col barman.

«Falla bere che poi ci pensiamo noi.»

Dopo che lei si era ubriacata l'hanno portata di peso fuori dal bar. La vittima ha raccontato di essere stata prima palpeggiata.

«Mi toccavano, anche se ero sbronza ho cercato di farmi notare da alcuni passanti per chiedere aiuto ma non ci sono riuscita.»

Ma non c'è stato niente da fare. Una volta che il gruppo si è appartato la ragazza è stata violentata a turno. Lei continuava a gridare «basta», mentre uno la teneva ferma e gli altri la violentavano. La ragazza ripeteva «non ce la faccio più», e quegli animali a dirle «quando mai non ce la fai più?», continuando a cambiarsi di posto. Intanto il giovane che lei conosceva, lo stesso che per modo di dire si è sentito in colpa, le puntava addosso la luce e la riprendeva con il cellulare. La ragazza ha sentito il ragazzo dire agli altri aggressori di aver cancellato il video per paura che la giovane poi li denunciasse.

«Questo è uno stupro di massa» avrebbe ripetuto il tizio.

Hanno spento i telefoni, ma la bestialità non si è fermata.

«Mi accasciavo a terra perché non mi reggevo in piedi, mentre loro continuavano.»

Ma la carne è carne.

La ragazza ha provato a chiamare il fidanzato, ma gli aggressori le hanno subito chiuso la chiamata. Qualche minuto dopo uno di loro ha rivestito la vittima e l'ha abbandonata in strada: la giovane si è accasciata su una panchina, dove è stata poi soccorsa da due donne che passavano di lì e si sono subito preoccupate. Poi la chiamata al fidanzato e l'arrivo in ospedale.

Ricoverata perché la carne è carne.

È questa l'Italia in cui ci muoviamo in questi tempi disgraziati. Donne uccise, stuprate, picchiate. Guardando ai luoghi in cui sono avvenute queste due violenze che hanno avuto molta audience si potrebbe pensare che è un fenomeno meridionale, da periferie, da posti senza lavoro e senza speranza. Il dramma è che ho capito che invece riguarda ogni latitudine, geografica e sociale.

La tecnologia, il digitale, le reti social non stanno aiutando, anzi. Si pensa che un crimine così abominevole si possa filmare e poi magari mettere in rete, per estorsione o per esibizionismo, quasi fosse quello il vero trofeo da mettere in mostra. Eppure non bisogna stupirsene: se c'è qualcuno che uccide un bambino guidando a tutta velocità un'auto per poi poter sbattere la propria bravata in rete, per una stupida challenge o come diavolo si chiamano queste altre dannazioni, no, non c'è da sorprendersi se una violenza di massa, «cento cani su una gatta», viene girata sullo smartphone, come nel peggiore degli snuff movie.

A Palermo, a Milano, a Rozzano, «Rozzy», come la chiama qualcuno, a Bari e a Roma, in qualche amena contrada del Veneto e delle Marche, tra boschi e centri storici deliziosi come nei pressi di cavalcavia e baracche, i mostri si annidano, sono pronti ad accendere la telecamera, ormai a portata di tutti, e offrirsi all'obiettivo, non riprendere una festa, una serata di musica in allegria, una cena particolare o una giornata al mare: ma ritrarre le mani addosso, i grugniti, i lamenti della vittima, la violazione dei corpi, in una spirale di schifo che non conosce limiti, piuttosto quelli che una volta potevano esserlo, i limiti, oggi sono dimenticati dal cosiddetto progresso, da quelle insulse tastiere su custodie ancora più cretine in tonalità shocking, i desktop dai colori e le immagini più inutili, pieni di ninnoli stucchevoli e faccine sorridenti, mentre proprio quei maledetti telefoni si trasformano nei telecomandi della prossima prova di bestialità.

Perché la carne è carne, l'uomo è uomo, la donna è donna. E l'Italia è l'Italia.

46
Sempre dopo

Sono confuso, agosto mi sorprende non in vacanza con la mia famiglia, come sognavo finalmente, ma al bar sotto l'ufficio, come nelle giornate normali.

Mi ritrovo al Saint-Honoré mentre leggo un giornale, uno cartaceo, ci tengo a sottolinearlo, è uno dei pochi bar del centro città a comprarlo ancora per metterlo a disposizione della clientela. Preferisco sfogliare pagine vere, mi suggeriscono più fermezza, non sono liquide e modificabili come quelle digitali. E poi è da qualche giorno che ho un rigetto, per la tecnologia, dopo aver letto che uso se ne fa. Leggo aggiornamenti sullo stupro delle cuginette e sul resto delle notizie che arrivano da altre parti d'Italia, quasi sempre con al centro donne uccise o mortificate.

Poi leggo altro.

Meloni a Caivano sul luogo dello stupro.

Però.

Presto sarò là, il governo offrirà sicurezza alla popolazione.

La presidente del Consiglio, anzi no, il presidente del Consiglio come vuole essere chiamata, sarà là, in quella periferia abbandonata, per mostrare solidarietà alle famiglie delle bambine, per far sentire la vicinanza dello Stato.

Mah, commento dentro di me subito dopo. Non è un po' tardi?

«Sempre dopo» fa Gaetano guardando la pagina che sto leggendo.

Mi scuoto.

«Cosa, dopo?»

«Arrivano dopo, non prima, i politici.»

Manco mi avesse guardato dentro.

Ora, io non so se si sarebbe potuto fare diversamente. Nel senso: meglio che qualcuno, dall'alto, dalla sfera massima del potere, si faccia vivo che il contrario, su questo non ci piove. Però è giusta l'intuizione di Gaetano: perché dopo? Non si rischia così di dare l'idea di venire a fare una marchetta elettorale?

Perché non si può dire di non sapere. Sono anni che insieme ad altri urlo ai quattro venti che ci vogliono servizi sociali, assistenza, presenza dello Stato, scuola, lavoro, case vere, verde, infrastrutture per lo sport. Senza ascolto, se non delle associazioni del territorio, qualche dirigente scolastica più volenterosa, alcuni singoli più eroici. E non siamo i soli a farlo: tutta Italia ha gli stessi problemi. Non c'è zona che si salvi.

E poi, approfondendo le notizie, mi viene da istituire una triste competizione: ora vengono, capi di Stato e ministri. L'altra volta no. Com'è che adesso, dopo i vomitevoli stupri, arriva il premier e una decina di anni fa non bastarono due bambini uccisi nella stessa modalità a far scomodare qualcuno? Non voglio dire che questa vicenda sia meno grave. È rivoltante e mi sta facendo umanamente penare. Ma l'altra era addirittura diabolica. Perché, perché. È sospetto, è strano, e soprattutto è poco.

Vedremo nei prossimi giorni, per ora so che la storia ha conquistato l'interesse dei mass media e dell'opinione pubblica come di solito non accade ad agosto. Magari proprio perché non c'è altro di cui parlare.

Dopo l'uscita dell'articolo di Maria Chiara è successo il finimondo. Gli autori del crimine sono stati fermati e interrogati, l'indagine si sta svolgendo con una certa velocità. Io sono sommerso di telefonate da emittenti di ogni punto della penisola, e poi articoli su articoli, telegiornali, talk estivi coi conduttori abbronzati, strappati a qualche spiaggia vip o ai loro yacht, filare di corsa negli studi, come altri addetti ai lavori che sono tornati prima del tempo ai posti di combattimento, tra redazioni e procure che si erano svuotate per la pausa estiva, di colpo riaffollate; sono sicuro che molti mi avranno odiato, dato che per via delle mie rivelazioni li avevo fatti alzare dalla sdraio. Sta di fatto che all'improvviso tutti erano là a parlare di Caivano. Quando fino a pochi giorni prima era nel dimenticatoio. E quando per scuotere la stampa, quasi dieci anni fa, dovetti fare il diavolo a quattro. Dovrebbe farmi piacere, trovare più attenzione, ma invece no, la dinamica puzza ugualmente. Mi turba, l'assalto di adesso, come mi turbava il silenzio di una volta.

«Non vai in vacanza, Gaeta'?» gli chiedo quando mi porta il conto.

«La settimana prossima» dice. «Una decina di giorni a Formia» aggiunge, aria dimessa, come se fosse una vacanza in tono minore.

«Ma qua non chiudono?» domando, in riferimento al bar.

«Magari. Un tempo per tutto il mese, ora con tutti 'sti turisti è impossibile.»

Pago, mi alzo, vado a fare un giro per il quartiere semideserto. Semi: fino a una ventina di anni fa in pieno agosto era praticamente impossibile vedere gente, o un'auto. Era fantastico, quando tornavo di passaggio, trovare posto per la macchina o non fare la fila in pizzeria. Adesso non è più così. Un po' i soldi in meno, un po' la cosiddetta destagionalizzazione delle ferie, che vengono spalmate in altri momenti dell'estate o dell'anno. Girano anziani, qualche giovane coppia e, come diceva Gaetano, moltissimi turisti, specie stranieri. I volti sono rilassati, quasi contenti di trovare la città in questa veste inedita. Vorrei anche io stare così sereno. E comunque, nonostante il fascino di Napoli ad agosto, non vorrei proprio starci. Bah.

A un certo punto mi chiama un numero sconosciuto.

«Pronto.»

«Procura di Napoli.»

Chiaramente non è la prima volta che mi chiamano, dalla procura. Però di solito è gente che conosco.

«Dovrebbe comparire qui.»

«Eh?» faccio, stupito. «E per quale motivo?»

«Le diciamo meglio quando verrà qui.»

«Mi scusi, ma...»

Ma sto parlando a nessuno. Hanno attaccato. Resto come un cretino, col telefono in mano.

47
Le reazioni

«Fuga di notizie.»

«Mi spieghi meglio» chiedo.

La mia voce rimbomba, in tutta la procura saremo in tre. Si sente giusto il ronzio dei condizionatori.

«La storia di Caivano.»

L'agente che mi sta comunicando il deferimento è pallido, si vede che ancora deve godersi qualche giorno di ferie.

«Ovvero?» domando provocatoriamente.

«La vicenda di cui si parla, su.» Non ha il coraggio, o la voglia, di dire di quale storia si parli. «Le violenze.» Non mollo, mantengo un'aria curiosa. Lui aggiunge: «Le cuginette. Il branco».

«Ah, ecco» dico, con tono pignolo. Come se fargli ripetere di cosa stiamo realmente parlando dimostri da solo che la faccenda è seria. E che l'accusa di fuga di notizie è insensata, trattandosi di una materia così enorme.

«E dunque sono accusato di aver raccontato la storia» riprendo.

«Avvocato, c'è un'indagine in corso. Come lei sa, non si possono informare i giornali...»

«Ma si rende conto di quello che dice?» Alzo la voce, interrompendolo.

«Si calmi» fa lui.

«Se io non avessi parlato, con la stampa, neanche sarebbe partita l'indagine! Anzi, le cugine, come le chiama lei, che poi sono bambine di dieci anni, sarebbero ancora sotto minaccia! E il branco starebbe ancora agendo imperterrito!»

Mi osserva in silenzio.

«Io... io faccio solo il mio mestiere» dice.

Potrei dire «anche io», ma a quel punto non serve.

«E comunque eravamo tenuti a dirle che se continua potrebbe essere denunciato» fa ancora, con un certo disagio. Mi sa che ha capito cosa intendo.

Saluto ed esco.

Scendo le scale veloce, non c'è tempo da perdere. Tanto non temo questo avviso: non accadrà niente, o comunque poco mi interessa, devo andare avanti. Anche perché nelle ultime ore la magistratura ha disposto l'allontanamento delle bambine dalle famiglie, sono state sistemate in delle strutture gestite dai servizi sociali. Il motivo? Perché il territorio ha risposto con ritorsioni. Contro chi? Contro le famiglie, chiaramente. Al fratello di una delle cuginette, quello che aveva parlato, hanno rubato il motorino, e la mamma, la donna che ho incontrato, l'hanno minacciata apertamente. La sua colpa è di aver rotto il muro dell'omertà, ma non tanto e non solo per aver accusato gli autori delle violenze, che pure saranno in qualche maniera legati a giri poco raccomandabili e dunque protetti, quanto, c'era da giurarci, per aver attirato autorità e forze dell'ordine in zona. È una lezione che imparai già all'epoca di Chicca: tutto deve restare indisturbato.

Torno verso il Vomero in motorino, rifletto.

Non male, come prime reazioni. A me che sto difendendo le vittime e che ho dato il via ai fermi dei delinquenti lo Stato ha esplicitamente chiesto di non parlare, di evitare di enfatizzare, di farmi i fatti miei. Mentre le famiglie delle vittime sono rimaste senza figlie e con la malavita addosso.

E proprio domani è il gran giorno dell'arrivo della o del premier.

48
La passerella

«Siamo qui per esprimere solidarietà alle vittime di un atto infame» dice Giorgia Meloni.

Non è sola. Con lei i ministri dell'Interno, dell'Istruzione e dello Sport, il capo della polizia, il prefetto di Napoli, un parroco molto attivo in queste zone.

«Siamo qui per ribadire la presenza dello Stato, che in territori come questo è scarsamente percepita.»

La parrocchia di San Paolo Apostolo nel Parco Verde è gremita. Io seguo dal fondo, tra gente ammassata. Fa caldo, queste chiese moderne non hanno la frescura di quelle antiche. Nelle prime sedie ci sono le famiglie delle cuginette.

«Se siamo qui a quasi dieci anni di distanza dalla storia di Fortuna Loffredo, che volò dal balcone perché era stata violentata... Se siamo qui oggi a condannare un episodio barbaro come quello che condanniamo, significa che qui si è consumato un fallimento.»

Ecco, ha detto tutto bene per ora.

Ha parlato di presenza dello Stato, di barbarie, di fallimento delle istituzioni. E soprattutto ha citato Chicca, povera creatura, ogni volta che ci penso, e sono state migliaia negli ultimi nove anni, mi viene da piangere.

Si commuove pure un vecchietto proprio vicino a me. Lo osservo, avrà ottant'anni. Mi sembra di intuire un'esistenza dalle sue rughe e dagli abiti semplici. A un certo punto si accorge che lo sto guardando: mi offre un sorriso flebile.

«Ora occorre tentare di dare segnali diversi, prima di tutto difendere i più deboli.»

Non nego che da tempo seguo la giovane premier (basta, la chiamo «la» premier) con interesse. Mi sembra coraggiosa, ha fatto un ottimo lavoro proprio nelle periferie, non parla politichese, o almeno non troppo, ha una discreta energia e «arriva», ovvero ha una buona capacità comunicativa.

«Partendo da questo territorio, l'obiettivo che ci diamo è che un domani possa diventare da problema a esempio. Con la collaborazione di tutte le istituzioni.»

Eh, magari. Un «modello» Caivano. Che possa fare, andando proprio in là con la fantasia o con la speranza, da capofila agli altri luoghi del disagio, quelli di cui il Paese è disseminato. Proprio Caivano, chissà. Sovvertire la narrazione, trasformarla in un metodo. Ora è il vecchietto a guardare me, inarca le sopracciglia. Sta dicendo, sarebbe un sogno.

«Punteremo la fermezza dello Stato contro l'illegalità e contro la droga, questo territorio verrà fortemente modificato.»

Questo passaggio mi piace meno: che si pensi di risolvere ogni problema con la militarizzazione. Lo dimostrano migliaia di esperienze: le camionette dell'esercito, gli schieramenti di polizia, le retate e i presidi vari possono sortire impressione, forse calmare le acque per qualche tempo, ma l'azione deve essere mirata ai servizi sociali, alla cultura, al benessere e al lavoro. Non si scappa. Altrimenti si ricomincia sempre daccapo. L'anziano scuote la testa, è d'accordo con me.

Porta una maglia tipica di quell'età e di certi paesini, di maglina, a maniche corte, col colletto, colori curiosi, mi ricordano quelli dei Pocket Coffee. Ispira tenerezza, mi viene da immaginare in quale merceria l'avrà comprata.

«Ma dobbiamo pure dotare questo territorio di servizi. Per ora vi do una data: entro la primavera del 2024 il centro sportivo tornerà a essere un centro sportivo.»*

Staremo a vedere, sembriamo dire con gli sguardi il vecchietto e io. Ormai duettiamo, e ci scambiamo occhiate di intesa a ogni passaggio del discorso. L'idea è buona e sarebbe un segnale, un simbolo però concreto: far rinascere la piscina degli orrori costituirebbe un intervento plastico sul luogo del delitto e insieme un'opportunità per i giovani del posto.

«Vi assicuro che vedrete i frutti del lavoro di questo governo» conclude la premier.

Ci sono applausi, ma anche sguardi perplessi. Non è difficile capirlo: serpeggia una certa inquietudine, nelle file della chiesa, dopo ciò che è successo, e molto scetticismo dopo anni di abbandono. Poi si sente l'attesa. Il discorso è finito ma non le cose che devono ancora succedere. Per-

* Al 15 aprile 2024, quando questo libro va in stampa, i lavori non risultano ancora completati.

ché ora gli sguardi sono tutti sulle famiglie delle vittime; tutti si aspettano che la Meloni si diriga verso di loro, che vada a salutarle, abbracciarle, che porti un'ulteriore testimonianza di solidarietà.

E invece no, con la scorta e gli altri ministri infila una porta laterale della chiesa, e va via.

Ci resto male, come molti presenti.

Il vecchio si avvicina.

«Ha sbagliato.»

49
Il vuoto

«Cara mamma, da quando mi hanno allontanato da te mi sento sola ogni giorno, penso a quando ci divertivamo io e te e quanto mi mancano quelle belle giornate insieme con i miei fratelli. Mi sento morire, vorrei uscire con tutti i miei fratelli ma ormai sono qui da due mesi e non vi sento, ma nessuno potrà mai prendere il vostro posto perché siete genitori bravi, mi avete dato il rispetto e l'educazione; però non ti preoccupare, qua mi trovo bene però non vediamo l'ora di ritornare tutti insieme. Vi voglio bene, lo sapete, non vedo l'ora di ritornare.»

Così scrive una delle bambine violentate alla madre. Nello stile tenero dei bambini non sa che sta mettendo nero su bianco il colmo dell'ingiustizia. Bisognava aspettarselo: prima delle sentenze contro i delinquenti sono arrivate quelle contro le bambine e le famiglie.

La missiva, redatta in una grafia dolce e ordinata, me la legge la madre, singhiozzando; in quella casa di colpo rimasta vuota.

Le carte che hanno determinato questa situazione gliele ho portate io. Secondo il tribunale, «emerge dagli atti dei servizi sociali che la minore è stata vittima di gravi abusi sessuali da parte di un gruppo di coetanei». E fin qui ci siamo. La pronuncia prosegue: «Lo stile di vita della minore ha "favorito" la perpetrazione del reato ai suoi danni». Questo passaggio proprio non mi convince. Che significa, che se l'è cercata? Che se è finita nelle mani dei lupi, stando a una celebre metafora che sta girando negli ultimi tempi, elaborata da personaggi molto in vista, un po' è colpa sua? A dieci anni?

Il testo continua: «Lo stile di vita è senz'altro frutto della grave incuria dei genitori che con ogni evidenza hanno omesso di esercitare sulla figlia il necessario controllo, così esponendola a pericolo per la propria incolumità».

Non solo. Hanno stabilito i giudici che la piccola non è ancora stata ascoltata in sede di incidente probatorio e le sue dichiarazioni, non ancora raccolte per cristallizzare la prova, potrebbero essere condizionate.

In conclusione: «Ritenuto in ogni caso che la sola forma in cui appare opportuno che i minori incontrino la madre sia allo stato quella degli incontri protetti, perché consentono una necessaria osservazione della relazione madre figli».

Alla fine del nostro scambio di testi, quello commovente della figlia e quello freddo, lapidario, del tribunale dei minori, la osservo per pochi istanti; poi sposto lo sguardo. Lei è in lacrime, pallida, dimagrita.

Ma non è per questo che non riesco a guardarla in viso. È che mi vergogno. Mi vergogno. Mi vergogno del nostro ordinamento, delle nostre istituzioni. Da giorni sto chiedendo a gran voce che i ragazzi vengano puniti in modo esemplare, e con la stessa forza sto invocando l'aiuto delle autorità perché le famiglie non siano lasciate sole, specie dopo le ritorsioni che hanno subito per aver parlato. Per tutta risposta, invece, l'affido alle case famiglia delle minori è diventato definitivo. Anche quello di altri figli delle due famiglie che con questa storia non c'entravano.

Lei si alza dalle poltrone su cui siamo seduti.

«Vado di là a finire di preparare le cose» dice.

Prendiamo quella della piccola, la figlia della donna con cui sto parlando ora. Una famiglia smembrata: un fratello sedicenne è stato portato in una struttura, mentre la piccola vittima della violenza e la sorellina non coinvolta in un'altra; lei stessa, la donna, sta per essere portata in una terza. I giovani sono stati prelevati dai carabinieri e portati via da casa, lontano dalla famiglia. L'unico rimasto «libero» è il figlio diciottenne. Insomma la piccola, dopo gli abusi, non riesce a vedere neppure i fratelli, anche loro allontanati dalla famiglia. Ha mandato la lettera alla mamma attraverso la sorellina, ospite della stessa struttura, alla quale è stato concesso di incontrare l'unico fratello maggiorenne.

Mi chiedo perché. Perché dovrebbero condizionare la bambina se loro stessi hanno denunciato? Perché aggiungere dolore al dolore?

Sento, di là, la donna che sta aprendo armadi, svuotandoli di vestiti.

Io resto inchiodato alla poltrona. Inchiodato da domande e analisi. Tipo questa: vediamo cosa è successo ai responsabili del crimine.

Per ora, in attesa del giudizio, per i due maggiorenni è stato disposto il carcere, per i minorenni il carcere minorile e per un quattordicenne la comunità.

A uno dei maggiorenni sono stati concessi i domiciliari a Venezia con il braccialetto elettronico. In pratica è libero di circolare mentre la sua vittima, una minore, è stata privata dei suoi affetti. Non c'è giustizia. Noi ci battiamo per tutelare la vittima da crimini atroci e uno dei responsabili delle violenze sessuali e della diffusione di video pedopornografici se ne sta in casa, tutto tranquillo, a Venezia, con vista sui canali. Ma che roba. Succede solo in Italia: altro che decreto Caivano, altro che rispetto e tutela per le donne e le vittime. Si veicola un messaggio sbagliato, quello della giustizia a intermittenza.

Come fu con Chicca. Là fu preso il «mostro» per dare un segnale di efficienza, probabilmente non colpendo il vero autore dei delitti, e lasciando sostanzialmente inalterate le condizioni per cui quegli orribili crimini furono perpetrati; oggi, continuando a ignorare le cause che infettano l'ambiente, si strappa agli unici legami chi ha subito la violenza e si concedono attenuanti ai criminali.

Qui, oggi, in Italia.

La donna torna, ha due valigie con sé. Sono trolley, li trascina verso l'uscita, ha le spalle incassate. Si avvia senza neanche aspettare che mi alzi io.

Sommario

Epilogo

Finito di stampare nel mese di aprile 2024
per conto di RCS MediaGroup S.p.A.,
da Rotolito S.p.A., Via Sondrio, 3, Pioltello (Milano)
Printed in Italy